Afghanische Frauen zwischen Islam und Sozialismus

Gesellschaftliche Realitäten von 1920 bis 2001

von

Silke Wörmann

Tectum Verlag
Marburg 2003

Wörmann, Silke:
Afghanische Frauen zwischen Islam und Sozialismus.
Gesellschaftliche Realitäten von 1920 bis 2001.
/ von Silke Wörmann
- Marburg : Tectum Verlag, 2003
ISBN 978-3-8288-8534-9

© Tectum Verlag

Tectum Verlag
Marburg 2003

Mit herzlichem Dank für die unterschiedlichste Art der Unterstützung an Dagmar, Andrea, Daniela, Anja, Petra, meinen Bruder Klaus, meine Eltern und natürlich meinen Freund und Partner Michael.

Inhaltsverzeichnis

Vorwort

In diesem Buch, das auf meiner Magisterarbeit beruht und durch ein Nachwort ergänzt wurde, wird die geschichtliche Entwicklung der Stellung der Frau in verschiedenen Lebensbereichen der afghanischen Gesellschaft beschrieben. Die Magisterarbeit wurde bereits im Mai 2002 vorgelegt, das Thema ist jedoch, wie die heutige politische Situation zeigt, weiterhin hochaktuell.

Anhand der Bildungssituation, der Berufstätigkeit der Frauen und der sozialen Beziehungen, zu denen besonders die Eheschließung als Bund zweier Familien zählt, soll die Situation der Afghaninnen innerhalb der verschiedenen politischen Zeiträume untersucht werden. Der Aufbau der Arbeit orientiert sich an den politischen Phasen von 1920 bis 2001, da diese alle mit einer Veränderung für die Lage der Frauen verbunden waren. Die erste Phase prägte König Amanullah Khan in den 20er Jahren, der sich für Bildung und Gleichbehandlung der Frauen einsetzte, seine Reformerlasse jedoch gegenüber der geistlichen Elite nicht durchsetzen konnte. Als König Nadir Schah 1929 die Macht erlangte, annullierte er die Reform von Amanullah Khan wieder. Die anschließende Phase war die bislang längste Regierungsperiode eines afghanischen Herrschers. König Zahir Schah erbte 1933 als Kind den Thron und regierte das Land bis 1973. Durch einen gemäßigten Modernisierungsprozess veränderte er die sozialen und ökonomischen Strukturen grundlegend. In dieser Phase wurden Frauenorganisationen vermehrt gegründet, Frauen durften ab 1959 an Universitäten studieren und erhielten 1964 das Wahlrecht. Sardar Muhammad Daud Khan, der von 1953 bis 1963 Premierminister unter Zahir Schah war, vertrieb mithilfe der DVPA (Demokratische Volkspartei Afghanistans) 1973 den König und ernannte sich zum Präsidenten der von ihm gegründeten Republik Afghanistan. Damit leitete er eine weitere politische Phase ein. Daud Khan forcierte die Gleichberechtigung der Frauen, ohne jedoch die religiösen Führer in den politischen und sozialen Wandel mit einzubeziehen, sie wurden nur noch als eine kulturelle Elite geduldet. In der Verfassung von 1977 hieß es, dass alle Afghanen, sowohl Männer als auch Frauen, gleiche Rechte und Pflichten hätten. Es war nun für die Frauen möglich, auch entgegen dem islamischen Recht, die Scheidung einzureichen. In diesen Zeitraum fällt auch die kommunistische Herrschaft von Noor Muhammad Taraki und Hafizullah Amin, deren Präsidentschaft von 1978 bis 1979 dauerte und die versuchten, die Sozialstrukturen der ländlichen Gebiete zu verändern. Durch Gesetzesänderungen wurde die Eheschließung zu einer Angelegenheit zwischen Braut und Bräutigam. Das kommunistische Regime stieß auf vermehrten Widerstand in der Bevölkerung, die sich gegen die für sie 'gottlose' Ideologie wehrte. Im Dezember 1979 kam die Sowjetunion dem kommunistischen Regime zu Hilfe und marschierte in Afghanistan ein. Mit einer großen Alphabetisierungskampagne, die jedoch mit parteipolitischen Inhalten verknüpft war, wollten die Besatzer den 'Fortschritt' in das Land bringen. Die Frauen waren in allen Berufsgruppen vertreten und engagierten sich in verschiedenen Organisationen, die häufig der Partei unterstellt waren. Dass Anfang der 80er Jahre mehrheitlich Frauen an den Universitäten eingeschrieben waren, lag zum Teil daran, dass die männlichen Kommilitonen erst ihren Militärdienst absolvieren mussten, bevor sie sich an der Universität immatrikulieren durften. Der Widerstand gegen die Besatzer vermehrte sich; Frauen und Mädchen protestierten gegen die sowjetischen Machthaber, indem sie den Schleier anlegten und sich wieder vermehrt der Religion und Tradition zuwandten. Als die Sowjetunion ihre Truppen aus Afghanistan abzogen, kam es 1989 zu einem Bürgerkrieg. Die unterschiedlichen Gruppen der Widerstandskämpfer, der Mujahedin, rivalisierten um die Macht. Für die Bevölkerung bedeutete diese Zeit Anarchie und Gewalt. Frauen wurden vergewaltigt, ermordet und entführt. Viele Familien wurden erpresst, ihre Töchter im heiratsfähigen Alter den Mujahedin zu geben. Weibliche Universitätsbedienstete und Studentinnen wurden aus den Hochschulen entlassen, Frauen durften nicht mehr wählen und mussten sich verschleiern. Mit dem Aufstieg der Taliban 1994 wurde eine weitere politische Phase eingeleitet. Durch die Taliban versprach sich die Bevölkerung anfangs Sicherheit und Frieden, da sie viele Mujahedin-Kämpfer entwaffneten und im Laufe der Zeit in vielen Gebieten den Bürgerkrieg beenden konnte. In den Regionen, die von den Taliban erobert wurden, realisierten sie jedoch ihre eigenen Glaubensvorstellungen und Richtlinien.

Die Taliban, mehrheitlich zu der Ethnie der Paschtunen gehörig, setzten ihre eigenen Traditionen, wie das *pashtûnwâlî*, den 'Ehrenkodex', der durch Solidarität, Ehre, Schande und Prestige gekennzeichnet ist, auf die gesamte Bevölkerung um.[1] Für die Frauen und Mädchen bedeutete dies, dass sie keinen Beruf ausüben, keine Schule besuchen durften und das Haus nur mit einem Ganzkörperschleier, der *burqa'*, und in Begleitung eines männlichen Verwandten verlassen konnten.

Es ist wichtig, darauf hinzuweisen, dass das Leben der Afghaninnen in den Städten sich von dem auf dem Land schon immer stark unterschieden hat. In erster Linie waren es die Frauen aus den (städtischen) bürgerlichen Familien, die sich ein Studium leisten konnten und das Privileg erhielten, im Ausland zu studieren. Unter den Taliban konnten sich Frauen, die in abgelegenen Dörfern wohnten, die sich nicht unmittelbar unter der Kontrolle der Taliban befanden, relativ 'frei' bewegen. Die Frauen in den Städten hingegen waren den Kontrollen durch die Taliban ausgeliefert.

Als es zu den Veränderungen nach dem 11. September in Afghanistan kam, war die Arbeit bereits zu einem Großteil fertig gestellt. Die Gliederung existierte bereits und das Hauptkapitel, das die Situation der Frauen von 1994 bis 2001 beschreibt, war vor dem Umbruch zu einem großen Teil ausgearbeitet.

Aufgrund der Aktualität und der Bedeutung der Geschehnisse nach den Terroranschlägen habe ich mich dazu entschieden, die Situation nach dem 11. September in einem Unterpunkt des Hauptkapitels darzustellen. Nach einer kurzen Er-

---

[1] Die Stellung der Frau ist je nach Ethnie unterschiedlich. Im Hazarajat arbeiteten die Frauen mit den Männern zusammen auf den Feldern, die Frauen in Herat verschleierten sich zwar in der Öffentlichkeit, wurden von den Männern jedoch als gleichberechtigte Partner betrachtet (Grevemeyer 1990: 274). In der Arbeit gehe ich nur begrenzt auf die einzelnen Ethnien ein, da sich die Literatur in erster Linie auf die Situation der Frauen in den Städten beziehungsweise auf Kabul bezieht und in der Regel die größte Ethnie, die der Paschtunen, beschrieben wird (Anm. d. Verf.).

örterung der politischen Lage des Landes gehe ich der Frage nach, ob es auch zu Veränderungen für die Frauen gekommen ist.

Da der durch die Terrorakte bedingte Umbruch in jüngster Vergangenheit liegt, fehlte es hierzu noch an aktueller wissenschaftlicher Literatur. Aus diesem Grund habe ich auf journalistische Berichterstattungen der Wochenzeitschrift „Der Spiegel" und auf das Buch von Ahmed Rashid „Taliban. *Afghanistans Gotteskrieger und der Dschihad"* aus dem Jahr 2001 zurückgegriffen. Letztere Quelle diente auch zur Beschreibung der Entstehung der Taliban-Bewegung. Aktualität war auch der Grund für die Nutzung von Internetseiten. Um tagespolitische Geschehnisse, relativ aktuelle wirtschaftliche Daten und medizinische[2] Untersuchungen zu verarbeiten, habe ich eine Reihe von Internetquellen, die ausgedruckt vorliegen, ausgewertet. Die Nutzung von Internetquellen in meinen Nebenfächern Kommunikations- und Politikwissenschaft ist selbstverständlich. Zu beachten sind jedoch die schnelle Aktualisierung sowie die Herkunft der Internetseiten, die zum Teil auf die Qualität des Inhaltes schließen lässt. Die Literatur für die politischen Phasen von 1920 bis 1994 stammt zum Teil aus den 70er, mehrheitlich aus den 80er Jahren. Letztendlich sind viele der Quellen, auch die wissenschaftlichen, widersprüchlich. So wird den Begriffen *zan, zar* und *zamin,* die für das *pashtûnwâlî* eine wichtige Rolle spielen, in dem Buch von Willi Steul „Paschtunwali. *Ein Ehrenkodex und seine rechtliche Relevanz"* und dem Artikel von Renate Kreile „Zan, zar, zamin - Frauen, Gold und Land. *Geschlechterpolitik und Staatsbildung in Afghanistan"* eine unterschiedliche Bedeutung zugeteilt. Besonders Zahlenangaben beruhen häufig auf ungefähren Angaben und differieren stark.

Ein wichtiger Aspekt dieser Magisterarbeit ist die afghanische Staatsreligion, der Islam. Um die Situation der Afghaninnen einzuordnen, ist eine kurze Beschreibung über die Rolle der Frau im Islam nötig. Hierbei konnte ich, ebenso

---

[2] Bei den Ausführungen zur medizinischen Situation der Frauen in Kapitel 6.2.3 halfen mir meine Kenntnisse durch die Berufstätigkeit als Krankenschwester (Anm. d. Verf.).

wie bei einigen arabischen Begriffen, auf meine Kenntnisse durch das Studium der Arabistik und Islamwissenschaft zurückgreifen.

1 Zur wissenschaftlichen Vorgehensweise

1.1 Fragestellung

In diesem Buch wird die Situation der afghanischen Frau im historischen Kontext dargestellt. Es wird der Frage nachgegangen, ob oder inwieweit sich die Stellung der Frau in Afghanistan innerhalb der einzelnen politischen Phasen gewandelt hat. Diese Frage wird in erster Linie anhand der Bildungssituation, der Berufstätigkeit und der sozialen Beziehungen, hier insbesondere der Eheschließung, untersucht. Das Hauptkapitel bezieht sich auf die Zeit von 1994 bis 2001 und beschreibt erweiternd die gesundheitliche Situation der Frauen.

1.2 Aufbau und Methode

Bei der Magisterarbeit handelt es sich um eine interdisziplinäre Arbeit, in der Aspekte aus der Islam-, der Politik- und der Kommunikationswissenschaft aufgegriffen werden. Die Islamwissenschaft spielt für die Arbeit eine wichtige Rolle, da fast 100% der Bevölkerung Afghanistans Muslime sind und der Islam alle Lebensbereiche der Menschen durchdringt. Die Rolle der Frau im Islam, die in der Wissenschaft bereits häufig untersucht wurde, wird in der Arbeit kurz dargestellt, um sie mit der Situation der Frau in Afghanistan vergleichen zu können.[3] Aspekte der Politik- und Kommunikationswissenschaft sind ein wichtiger Bestandteil des sechsten Kapitels, in dem unter anderem die aktuellen Entwicklungen behandelt werden. Nach einer Definition der von mir häufig benutzten Begriffe erfolgen einige Ausführungen zur Ethnografie. Hierbei werden demografische Daten angegeben und die politisch wichtigsten Ethnien Afghanistans beschrieben.

Im fünften Kapitel erläutere ich das afghanische Frauenbild zwischen Religion und Tradition. Nach einer Einführung zur Rolle der Frau im Islam wird die Stellung der Frau in Afghanistan beschrieben. Dargestellt wird diese in erster Linie

---

[3] Hierbei wird kein Anspruch auf Vollständigkeit erhoben, das Kapitel 5 soll lediglich als Einführung betrachtet werden (Anm. d. Verf.).

anhand der hierarchischen Strukturen innerhalb der Familie und der Eheschließung. Das sechste Kapitel, in welchem die Lage der afghanischen Frauen von
1994 bis Ende 2001 erläutert wird, bildet den Schwerpunkt der Magisterarbeit.
Aufgrund des Gegenwartsbezugs entschied ich mich bereits im September 2001,
dieses Kapitel voranzustellen und es zu meinem Hauptkapitel zu machen. Dass
der Aktualitätsbezug durch die Veränderungen des Landes nach dem 11. September heute einen noch größeren Stellenwert hat, war zu Beginn meiner Magisterarbeit nicht abzusehen. Einleitend wird die Entstehungsgeschichte der Taliban-Bewegung dargestellt und auf deren mehrheitlich paschtunische Tradition,
einschließlich das *pashtûnwâlî*, eingegangen. Anschließend wird die Situation
der Afghaninnen unter der politischen Herrschaft der Taliban bezüglich Berufstätigkeit, Schule, Studium und gesundheitlicher Situation erläutert. Des Weiteren wird die Stellung der afghanischen Frau aus der Sicht der Taliban dargestellt.

Zu einem Umbruch in Afghanistan kam es nach den Terroranschlägen in den
USA am 11. September 2001 und der anschließenden Bombardierung Afghanistans. Nach einer politischen Beschreibung der Veränderungen gehe ich der Frage nach, inwiefern sich dieser gesellschaftliche Umbruch und die neue Interimsregierung auf die Stellung der Frau auswirken. An dieses Hauptkapitel schließt
sich in den Kapiteln sieben bis zehn der chronologische Verlauf der Geschichte
von 1920 bis 1994 an.[4]

Die Reformerlasse im Bereich der Bildung und der gleichen Behandlung von
Männern und Frauen durch König Amanullah Khan werden im siebten Kapitel
dargestellt. In dieses Kapitel, in welchem die politische Phase von 1920 bis 1933
beschrieben wird, fällt auch die Herrschaft von König Nadir Schah, der 1929
den Thron einnahm. Er widerrief die von König Amanullah begonnene Reform.
Das achte Kapitel umfasst den langen Zeitraum von 1933 bis 1973. In dieser

---

[4] Der chronologische Verlauf dient einem besseren Verständnis der afghanischen Geschichte. Die
Chronologie endet mit der Herrschaft der Mujahedin, die den Taliban indirekt zur Macht verhalfen
(Anm. d. Verf.).

Epoche leitete König Zahir Schah einen langsamen Modernisierungsprozess ein, der den Frauen den Besuch an Universitäten ermöglichte, das Wahlrecht für Frauen erließ und in der sich vermehrt Frauen in Organisationen zusammenschlossen. Muhammad Daud Khan, der unter Zahir Schah von 1959 bis 1973 Premierminister war, forcierte diesen Prozess und gelangte mithilfe der kommunistischen Partei an die Macht.

Das neunte Kapitel beginnt mit der Ausrufung der Republik Afghanistan durch den ehemaligen Premierminister Daud Khan. Dieser setzte seine Vorstellungen über ein fortschrittliches Afghanistan unter Beteiligung der Frauen weiter um und stellte sich dabei gegen die religiösen Führer, die nur noch als eine kulturelle Elite geduldet wurden. Nach dem kommunistischen Putsch von 1978 setzten Noor Muhammad Taraki und Hafizullah Amin den Modernisierungsprozess gegen alle Widerstände fort, zum Teil auch gewaltsam. Sie akzeptierten die geistlichen Führer nicht länger als kulturelle Elite, sondern lehnten jegliche Art der Tradition und Religion ab.

Im Dezember 1979 marschierte die sowjetische Armee in Afghanistan ein, um das kommunistische Regime zu unterstützen. Damit wurde die nächste politische Phase eingeleitet, die im zehnten Kapitel beschrieben wird. Kennzeichnend für diesen Zeitraum war der Einfluss des Kalten Krieges auf Afghanistan. Die Besatzer förderten die Berufstätigkeit und die Bildung der Frauen. Großflächig angelegte Alphabetisierungskampagnen, deren Inhalte und Methoden der Parteipolitik entsprachen, führten in weiten Teilen der Bevölkerung zu Protesten. Mit dem Abzug der sowjetischen Armee 1989 brach ein Bürgerkrieg in Afghanistan aus und die verschiedenen Widerstandsgruppen bekämpften sich untereinander. Viele Frauen wurden vergewaltigt oder zwangsverheiratet und durften die Universitäten nicht mehr besuchen. Der Bürgerkrieg endete 1994 mit dem Aufstieg der Taliban.

1.3 Quellenlage

Viele der von mir verwendeten Bücher und Zeitschriftenartikel beruhen auf Feldforschungen oder sind von Autoren verfasst, auf die im Zusammenhang mit Afghanistan häufig verwiesen wird, beispielsweise Nancy Hatch Dupree, Jan-Heeren Grevemeyer, Michael Pohly und Micheline Centlivres-Demont. Das Buch von Grevemeyer *„Afghanistan. Sozialer Wandel und Staat im 20. Jahrhundert"* von 1990 dient besonders für die Zeit von 1920 bis 1979 als geschichtlicher Hintergrund und als Basis der detaillierten Ausführung zu den verschiedenen Erlassen der Eheschließung. Sein Artikel über Afghanistan in dem Buch *„Der Nahe und Mittlere Osten. Politik, Gesellschaft, Wirtschaft, Geschichte, Kultur"* von Udo Steinbach und Rüdiger Robert (Hrsg.) aus dem Jahr 1988 beschreibt unter anderem die strukturellen Bedingungen des Landes. Zur Erläuterung des wachsenden Widerstandes gegen die sowjetischen Besatzer greife ich auf *„Krieg und Widerstand in Afghanistan. Ursachen, Verlauf und Folgen seit 1978"* von Michael Pohly (1992) zurück. Nancy Hatch Dupree setzt sich in *"Revolutionary rhetoric and Afghan women"* von 1981 mit der Situation der Frauen unter der kommunistischen Führung auseinander. Diesen Zeitraum greift auch Centlivres-Demont in ihrem Artikel *"Afghan women in Peace, War, and Exile"* auf, der in dem Buch von Myron Weiner und Ali Banuazizi *"The Politics of Social Transformation in Afghanistan, Iran and Pakistan"* von 1999 veröffentlicht wurde. Sie beschäftigt sich in dem Artikel besonders mit den Reformerlassen von 1978, der Bildungspolitik und den Alphabetisierungskampagnen der kommunistischen Regierung sowie den verschiedenen Frauenorganisationen.

Bei der Beschreibung des *pashtûnwâlî*, dem Normen- und Wertesystem der Paschtunen, beziehe ich mich hauptsächlich auf die Arbeit von Willi Steul *„Paschtunwali. Ein Ehrenkodex und seine rechtliche Relevanz"* aus dem Jahr 1981.

Zwei für die Arbeit wichtige Bücher sind in den 70er Jahren verfasst worden. Zum einen handelt es sich dabei um das Werk von Erika Knabe *„Fraueneman-*

zipation in Afghanistan. Ein empirischer Beitrag zur Untersuchung von sozio-kulturellem Wandel und sozio-kultureller Beständigkeit" aus dem Jahr 1977 und die Arbeit von Fahima Rahimi *"Women in Afghanistan. Frauen in Afghanistan"* von 1986, die bereits 1977 geschrieben wurde. Knabe geht in ihrem Werk der Frage nach, ob der Emanzipationsprozess der Afghaninnen voranschreitet oder stagniert. Nach einer Einführung zur Stellung der Frau im Islam geht sie auf die Situation der Afghaninnen in verschiedenen Zeitepochen ein. Bei Rahimi, einer Journalistin, liegt der Schwerpunkt auf der Berufstätigkeit der afghanischen Frau. Sie beginnt ihre Ausführungen mit einem Rückblick auf die Mythologie und setzt die Ausführungen fort mit einer Darstellung bekannter Frauen der afghanischen Geschichte. Der Schwerpunkt liegt jedoch auf der beruflichen Situation der Frauen von den 50er Jahren bis Mitte der 70er Jahre. In einem Nachtrag des Buches von 1985 äußert sich Nancy Hatch Dupree zu der Situation der Flüchtlinge und dem Protest gegen die sowjetische Besatzung.

Ein Großteil der verwendeten Literatur stammt aus dem Zeitraum Anfang bis Mitte der 90er Jahre. Zu diesen Quellen zählen unter anderem Valentine Mog-hadam, Jan Goodwin und Iren von Moos. Letztere, eine Ethnologin, beschreibt in ihrem Buch *„Nun hausen Schlangen in den Aprikosengärten"* unter anderem die Situation der Menschen zwischen 1982 und 1984 und deren Umgang mit dem Krieg.

Bei Erläuterungen, die sich auf den Islam und die Rolle der Frau im Islam beziehen, stütze ich mich auf die Literatur von Annemarie Schimmel, Heinz Halm, Erika Knabe, Ina und Peter Heine oder Wiebke Walther. Bei dem Werk von Heine *„O ihr Musliminnen... Frauen in islamischen Gesellschaften"* von 1993 und Walther *„Die Frau im Islam"* von 1980 handelt es sich, wie der Titel schon vermuten lässt, um Literatur, die sich ausschließlich mit der Rolle der Frau im Islam auseinander setzt. Das Buch von Schimmel *„Im Namen Allahs, des All-barmherzigen. Der Islam"* (1999) versteht sich als eine allgemeine Einführung zum Islam. Die Regeln zur Transkription und die Definition einzelner Begriffe beziehen sich auf das Buch *„Kleines Islam-Lexikon"* (2001), an dem verschiedene Islamwissenschaftler mitgearbeitet haben. Zur Übersetzung arabischer Begriffe dient das *„Arabisches Wörterbuch für die Schriftsprache der Gegenwart und Supplement"* von Hans Wehr sowie die beiden Bände von Adolf Wahrmund *„Handwörterbuch der arabischen und deutschen Sprache"* von 1970, beides sind Standardwerke der Arabistik. Die Koranübersetzung stammt von dem Philologen und Islamwissenschaftler Rudi Paret. Bei meinen Darstellungen der Taliban-Bewegung, deren Entstehung und Vorgehensweise, Verbote und Strafen betreffend, beziehe ich mich unter anderem auf das Buch von Ahmed Rashid *„Taliban. Afghanistans Gotteskrieger und der Dschihad"* aus dem Jahr 2001. Ahmed Rashid lebt in Pakistan und arbeitet als Journalist unter anderem für den "Daily Telegraph". Er beschäftigt sich nach eigenen Angaben bereits seit 21 Jahren mit Afghanistan.

Neben den bereits erwähnten Büchern liegt ein Teil der Literatur als Internetmaterial in gedruckter Form vor. In dem Artikel von Wolfgang-Peter Zingel *„Afghanistan - Sozialstruktur"*[5] werden Angaben zur Bevölkerungsstatistik, dem Gesundheitswesen, der Bildung und dem Rechtssystem gemacht. Die Zahlen hierzu sind relativ aktuell. Zingel, der am Südasien-Institut der Universität Heidelberg in der Abteilung für Internationale Wirtschafts- und Entwicklungspolitik tätig ist, verfasste den Artikel im Jahr 2000. Ferner gibt es zahlreiche Internetquellen verschiedener Organisationen, die sich mit frauenspezifischen Themen, häufig auch Afghanistan betreffend, auseinander setzen. Eine der bekanntesten Organisationen, die sich für die Belange der Frauen von Pakistan und Afghanistan einsetzt, ist RAWA (Revolutionary Association of the Women of Afghanistan). RAWA gehörte zu den ersten Organisationen, die über die Taliban kritisch berichteten und Aufnahmen von Hinrichtungen in Kabul veröffentlichten. In dem Schwerpunktkapitel gehe ich auch auf die medizinische Situation der Frauen ein. Hierbei greife ich auf Internetmaterial von Shorish-Shamley, die für

---

[5] Zingel: http://www.sai.uni-heidelberg.de/intwep/zingel/afgha-so.htm.

WAPHA (Women's Alliance for Peace and Human Rights in Afghanistan)[6] einen Artikel verfasst hat, und auf eine Studie von PHR (Physicians for Human Rights)[7] zurück. Für die Darstellung der Frauen aus der Sicht der Taliban nutze ich die offizielle Internetseite des Taliban-Regimes.[8] Diese Seite, die wie alle Internetseiten als Ausdruck vorliegt, wurde bereits vor Monaten aus dem Internet entfernt.

Im Hinblick auf die aktuellen Veränderungen in Afghanistan beziehe ich mich neben den bereits erwähnten Internetadressen auf Zeitschriftenartikel aus der Wochenzeitschrift „Der Spiegel". Ferner nutze ich Zeitschriftenartikel, die über die Situation der Afghaninnen innerhalb der verschiedenen historischen Phasen Auskunft geben oder sich mit der politischen Situation Afghanistans beschäftigen. Zu den Autoren zählen unter anderem Renate Kreile, John und Linda Schulz oder Ernst Albrecht von Renesse. Kreile beschreibt in ihrem Artikel *„Zan, zar, zamin - Frauen, Gold und Land. Geschlechterpolitik und Staatsbildung in Afghanistan"* von 1997 die Geschlechterpolitik unter König Amanullah, Taraki und Amin sowie unter den Taliban. In ihrem zweiten Kapitel geht sie dabei auf das islamische Recht, die *sharî'a* und das Wertesystem der Paschtunen, *pashtûnwâlî*, ein. Der Artikel *"The darkest of ages. Afghan women under the Taliban"* (1999) von John und Linda Schulz befasst sich besonders mit der medizinischen Situation der Frauen unter den Taliban. Renesse setzt sich in seinem Artikel *„Kämpfer gegen die Moderne?"* von 1999 mit den Ursachen des Aufstiegs der Taliban auseinander.

Was die Begrifflichkeiten betrifft, so treten - auch in der wissenschaftlichen Literatur - häufig Wörter wie 'Stamm', 'Stammesrecht', oder 'Ehrenkodex' auf, die aus ethnologischer Sicht problematisch sind. Soweit es möglich ist, werde ich die Bezeichnungen aus der arabischen beziehungsweise persischen Sprache übernehmen oder aber die Wörter in einfache Anführungszeichen setzen.

---

[6] Shorish-Shamley: http://www.wapha.org/health.html.
[7] PHR: http://www.phrusa.org/campaigns/pdf/afghan_pdf_files/02_bkgrud.pdf.
[8] Taleban: http://www.taleban.com/taleb.htm.

2 Transkription

Viele der von mir benutzten Begriffe, die aus der arabischen oder persischen Sprache stammen, sind der deutschen Sprache bereits angeglichen worden. Diese Wörter, wie etwa „Schiiten", sowie Eigennamen werden weder kursiv geschrieben noch angeglichen. Bei den Parteinamen hingegen erfolgt eine Angleichung beispielsweise durch ein langes „a" (â); sie werden ebenfalls nicht kursiv geschrieben. Die Kursiv- und Kleinschreibung erfolgt ausschließlich bei der Transkription arabischer und persischer Begriffe. Eine Ausnahme bei der Kleinschreibung bildet das Wort *Allâh* (arab. „der Gott").

Die Aussprache ist bei den Eigennamen nicht immer eindeutig. Sie werden in der Literatur häufig unterschiedlich geschrieben, da die Namen aus vielen verschiedenen Sprachfamilien kommen, etwa aus der uzbekischen, tadschikischen, persischen et cetera. In der Arbeit habe ich mich an die in der Literatur gebräuchlichsten Formen gehalten.

Bei der Transkription orientierte ich mich an dem Buch von Ralf Elger „*Kleines Islam-Lexikon. Geschichte, Alltag, Kultur"* aus dem Jahr 2001. Das Buch wurde von verschiedenen Islamwissenschaftlern, Arabisten, Iranisten und Turkologen zusammengestellt. Die Transkription orientiert sich an der Aussprache des Hocharabisch; auf Dialekte wird nicht eingegangen.

a	kurzes „a"
â	langes „a"
dh	wie das englische „th" in „this"
gh	nicht gerolltes „r", wie das französische Wort „merci"
ḥ	gehauchtes, gehecheltes „h"
i	kurzes „i"
î	langes „i"
j	dsch, wie der englische Name „John"
kh	ein „ch", das wie in „Buch" und nicht wie in dem Wort „ich" gesprochen wird

q	stimmlos, am Zäpfchen gesprochenes „k"
r	gerolltes „r"
ṣ	dumpfes, stimmloses „s"
sh	sch
ṭ	dumpfes „t"
th	wie das englische „th" in „thought"
u	kurzes „u"
û	langes „u"
y	„j"
z	stimmhaftes „s"
ẓ	dumpfes, stimmhaftes „s"
ʿ	explosiver Kehllaut, stimmhaft
ʾ	Stimmritzenverschluss, wie in „beehren"

3 Begriffsbestimmung

3.1 Elite

Elite beschreibt den Inhaber einer Führungsposition innerhalb einer Institution oder Gruppierung. In der Regel ist diese Stellung mit Macht und Einfluss verbunden. Unterteilt wird der Begriff in eine Schicht- beziehungsweise Herkunftselite sowie eine Funktionselite, die auf besonderen persönlichen Fähigkeiten beruht. Ferner wird die Elite in eine geschlossene, die beispielsweise von der Standeszugehörigkeit abhängig ist und eine offene Elite, wie etwa die einer demokratischpluralistischen Gesellschaft, unterteilt (Müller 1999: 91-92). Auf Afghanistan bezogen handelt es sich um eine traditionelle Elite, deren Angehörige als Mittelsmänner fungieren und einen festen Platz im dörflichen Gefüge innehaben. Sie sind in der Regel Großgrundbesitzer und schaffen durch ökonomische und soziale Mechanismen ein Patron-Klient-Verhältnis. Ferner werden sie als religiöse Autorität betrachtet, fungieren als Dorfvorsteher oder als Vermittler bei Konflikten (Grevemeyer 1990: 53-61).

3.2 Emanzipation

Der Begriff bezeichnet die Ablösung aus einer politischen, sozialen oder psychischen Abhängigkeit. Diese Befreiungsbewegung kann sich unter anderem auf die Sklaven, die Arbeiterklasse oder die Frauen beziehen. Ein Aspekt der geschlechtsspezifischen Emanzipation ist etwa das Wahlrecht der Frauen. Gemeinhin wird heute darunter die Beseitigung von Sonderrechten verstanden.

> „[...] heute aber auch in dem allg. Sinne der Beseitigung von Privilegien und gesellschaftlichen Zwängen gesprochen" (Weiß 1998a: 142).

Knabe, auf die ich mich in der Arbeit beziehe, versteht unter Emanzipation eine Bewegung, die aus einer Position mit wenig Rechten in eine Position mit mehr Rechten führt. Das Ziel ist dabei eine Gleichstellung, bei der Frauenemanzipation eine Gleichstellung von Mann und Frau. Ferner verweist sie darauf, dass die

Emanzipationsbewegung der Afghaninnen nicht mit der in den Industriestaaten zu vergleichen ist (Knabe 1977: 6).[9]

3.3 Fundamentalismus

Dieser Begriff bezog sich erstmalig auf amerikanische Theologen, die sich zu Beginn des 20. Jahrhunderts für die wörtliche Auslegung der Bibel einsetzten. Später wurde der Begriff auf andere Religionen übertragen. Im Gegensatz zum Reformislam wird beim Fundamentalismus der Islam politisiert (Conermann 2001a: 100-101). Ziel der Fundamentalisten ist es, anhand der religiösen Schriften eine politische Ordnung zu errichten (Tibi 2000: IX).

3.4 Islamismus

Der Islamismus basiert auf dem erstmalig auf Christen bezogenen Fundamentalismus. Der islamische Fundamentalismus wird auch als Islamismus bezeichnet (Elger 2001b: 139). In Afghanistan entstand er als eine Abwehr gegenüber der kommunistischen Partei beziehungsweise der Sowjetunion.

> „Die Islamisten geben vor, für die Freiheit und Einheit aller Muslime zu kämpfen, nicht für irgendein spezifisches Land oder nationales Erbe - also nicht für den Nationalstolz der Afghanen [...], sondern für die Befreiung der Muslime vom Joch des Sowjetkommunismus, nicht nur für Afghanistan, sondern ebenso für die sowjetischen Republiken Tadschikistan und Turkmenistan, für Kasachstan und Kirgisistan" (Pohly 1992: 135).

3.5 *jihâd*

Übersetzt wird dieses arabische Wort mit „Anstrengung", „Eifer", „Krieg" und „Aufforderung zum Islam und Kampf gegen Ungläubige" (Wahrmund 1970a: 464). Zum einen ist der *jihâd* die tägliche Pflicht jedes Gläubigen und ist in diesem Zusammenhang als persönliche Anstrengung oder als innerer Kampf um 'mehr' Glauben zu verstehen. Alternativ bezeichnet *jihâd* aber auch den Kampf der Muslime für die Erweiterung des eigenen islamischen Herrschaftsbereiches

---

[9] Das Buch von Knabe stammt aus dem Jahr 1977, einer Zeit, in der die Frauenbewegung in den 'westlichen' Ländern sehr aktiv war. In Afghanistan wurden zu dieser Zeit die gleichen Rechte und Pflichten von Männern und Frauen in der Verfassung verankert (Anm. d. Verf.).

oder zu dessen Verteidigung. In diesem Fall existieren klare Vorgaben, wie der *jihâd* ausgerufen werden darf (Szyska 2001: 146-147). Ein wesentliches Detail ist die Tatsache, dass nur ein sunnitischer *'imâm* das Recht und die Pflicht hat, die Gläubigen zum *jihâd* aufzurufen (Tibi 2001: 83).

3.6 Schiiten

Als der Prophet Muhammad im Jahr 632 nach Christus starb, kam es zu Streitigkeiten um die Nachfolge der politischen und religiösen Führung. Die mehrheitliche Bevölkerung wählte Abu Bakr, der nicht aus der Prophetenfamilie stammte, zum Nachfolger des Propheten. Abu Bakr war von 632-634 nach Christus der erste Kalif[10]. Die schiitische Minorität hingegen ging davon aus, dass der Prophet seinen Nachfolger selbst bestimmt habe (Richard 1998: 38).

Als einen geeigneten Nachfolger sahen sie Ali Ibn Taleb, den Neffen und Schwiegersohn des Propheten. Gleichzeitig war er der vierte Kalif. Seine Anhänger bildeten die *shî'at 'Alî*, „die Partei Alis" (Heine 1991a: 55-58). Neben den drei Hauptrichtungen Zaiditen, Imamiten und Ismailiten gibt es noch eine Vielzahl kleinerer schiitischer Gruppen wie etwa die Alawiten, Fatimiden und Bohoras (Bellinger 1999: 238-241).

3.6.1 Imamiten

Die Bezeichnung der Imamiten, auch 12er Schia genannt, erklärt sich durch die Anerkennung von nur zwölf *'imâmûn*[11]. Sie bilden mit etwa 12.8% aller Muslime die größte schiitische Gruppe. Die 12er Schia wurde 1502 in Persien zur Staatsreligion erhoben und bildet seit 1979 (Iranische Revolution) die Basis der Islamischen Republik Iran (Bellinger 1999: 240).

3.6.2 Ismailiten

Die Ismailiten, 7er Schia, erkennen nur sieben rechtmäßige *'imâmûn* an bis Ismail, der 765 nach Christus starb. Weltweit gibt es etwa 15.5 Millionen Anhän-

---

[10] Arabisch *khalîfa* für „Nachfolger" (Anm d. Verf.).
[11] Arabisch Plural von *'imâm* für „Führer" oder „Vorsteher". Bei den Sunniten reduziert sich seine Rolle auf die des Vorbeters, für die Schiiten hingegen ist er eine Art unfehlbarer Lehrer, der dem Propheten nahe kommt (Heine 1991b: 378-381).

ger dieser Gruppe. Sie leben vor allem in Syrien, dem Iran, Nordindien und in Afghanistan (Bellinger 1999: 240).

3.7 *sharî'a*

Mit dem arabischen Wort *sharî'a* wird das islamische, das von Gott (*Allâh*) gegebene Gesetz bezeichnet. Sie dient dazu, den richtigen religiösen Weg (ursprünglich war der Weg zur Wasserstelle gemeint) zu gehen und bezieht sich auf alle menschlichen Lebensbereiche und Handlungen. Die *sharî'a* entstand erst nach dem Koran und wurde mit den Jahren weiterentwickelt. Das islamische Recht wurde bislang nicht in einem einheitlichen Rechtsbuch zusammengefasst (Schimmel 1999: 108-109).

3.8 'Stamm'

Nach der Definition von Christoph Werner, einem Iranisten, bezeichnet der Begriff 'Stamm' eine soziale Einheit, wie sie für den Nahen und Mittleren Osten typisch ist. Zu dieser tribalen Organisationsform kann der Voll- und Seminomadismus zählen; dieser ist aber nicht zwingend nötig. Die hierarchische Gliederung von Familien, Haushalten oder Gemeinschaften, die gemeinsame Tradition und die politische Einheit kennzeichnen einen 'Stamm'. Gerade letzteren Aspekt, die politische Einheit, stellt er in den Vordergrund und grenzt sie zu Gruppen, die sich durch sprachliche und kulturelle Zusammengehörigkeit kennzeichnen, ab (Werner 2001: 284).

> „Der vage Begriff ‚S.' sollte nicht pauschal auf größere ethnische Gruppen (→ Kurden, Turkmenen) angewandt werden, die zwar sprachlich und kulturell, aber in der Regel nicht polit. eine Einheit bilden" (Werner 2001: 284).

Der Ethnologe Ernst Wilhelm Müller weist jedoch auf die Problematik des Begriffes hin, der häufig aus Verlegenheit von Ethnologen genutzt wird. Gebraucht wird der Begriff 'Stamm' für die Bezeichnung einer Untergruppe (Müller 1992: 179).

„Sinnvoll ist die Bezeichnung ‚Stamm' nur für Untergruppen einer größeren Einheit, [...]. Oft ist ‚Stamm' eine Verlegenheitsbezeichnung durch den Ethnologen auf Grund sprachlicher oder kultureller Kriterien, ohne entsprechendes soziales Interaktionssystem" (Müller 1992: 179).

Conrad Schetter, der sich mit der Ethnizität Afghanistans beschäftigt, bezieht den Begriff 'Stamm' auf die Paschtunen in Afghanistan und verweist auf ihre 'Stammesverbände'.

„Die größte Ethnie sind die segmentär organisierten Paschtunen, die in verschiedene Stammesverbände zerfallen; die Konföderation der Durrani und Ghilzai bilden die umfaßendsten paschtunischen Stammeseinheiten".[12]

In meiner Arbeit beziehe ich mich auf die Definition von Conrad Schetter und bezeichne die Durrani und Ghilzai als 'Stämme'.

3.9 Sunniten

Die Sunniten bilden mit rund 83.3% aller Muslime die größte Gruppe innerhalb des Islams. Ihr Name leitet sich ab von dem Wort *sunna*[13] und bezeichnet diejenigen, die an der Tradition festhalten. Durch die Erbfolge der Kalifen stehen sie im Gegensatz zu den Schiiten.

„Ehemals wollen sie das Kalifat dem nächsten Verwandten des Prophetenstammes der Kuraishiten in männlicher Linie vorbehalten und innerhalb dieses Kreises auf freie Wahl durch die Gemeinde bestehen. Jedoch ergibt sich dann später unter Umayyaden (Omaijaden), Abbasiden und Osmanen eine verschieden geregelte Erbfolge der Kalifen. Mit dieser Erbfolge stehen die Sunniten in direktem Gegensatz zu den Imāmen der Shi'iten" (Bellinger 1999: 237).

Die Sunniten orientieren sich an der *sunna*, also an den Traditionen des Propheten, die in der *ḥadîth*[14] festgehalten wurden und eine Richtlinie für das tägliche Leben geben sollen. Unter den Sunniten haben sich vier verschiedene Rechts-

---

[12] Schetter: http://www.fes.de/ipg/ipg2_98/artschetter.html.
[13] Arabisch, für „Gewohnheit" oder „Tradition" (Anm. d. Verf.).
[14] Arabisch, bedeutet „Erzählung" (Anm. d. Verf.). Gemeint sind die Aussprüche über Wirken und Handeln des Propheten (Tibi 2000: 206).

schulen gebildet: Hanafiten, Schafiiten, Malikiten und Hanbaliten (Bellinger 1999: 237-238).

3.9.1 Hanafiten

Die Hanafiten bilden mit 42.9% aller Muslime nicht nur die größte Gruppe der Sunniten, sondern auch die größte Gruppe innerhalb des Islams (Bellinger 1999: 237). Ihr Name geht zurück auf Abu Hanifa, der 767 nach Christus starb und aus dem Irak stammte. Die meisten Anhänger leben im Gebiet der Türkei sowie im Norden Indiens (Schimmel 1999:109).

3.10 Tradition

Unter diesem Begriff wird das Sammeln und Anhäufen von Wissen und Erfahrungen verstanden. Durch die Tradition wird das Identitätsbewusstsein einer Gemeinschaft gefördert. Sie ist abhängig von ihrem sozialen und kulturellen Umfeld und wird unterteilt in verbale und nonverbale Tradition. Marin geht davon aus, dass Traditionen auf Gewohnheiten basieren. Diese unterscheiden sich je nach Gesellschaft und werden unterteilt in persönliche und kollektive Gewohnheiten. Werden diese Gewohnheiten von der Gesellschaft angenommen und akzeptiert, so können diese zu Traditionen werden. Traditionen müssen im Kontext mit der Geschichte einer Gesellschaft gesehen werden (Zwernemann 1999: 379-380). Seymour-Smith weist darauf hin, dass dieser Begriff häufig mit Glaube, Brauch oder Wert gleichgesetzt wird. Ein bestimmtes Verhalten oder Wissen wird von einer Generation auf die folgende Generation übertragen (Seymour-Smith 1987: 279-280). In der Arbeit beziehe ich mich auf die Ausführungen von Zwernemann. Hinzu kommt, dass die Tradition als Abgrenzung zur Religion, hier dem Islam, dient. Die Trennung von Religion und Tradition spielt besonders für das Verständnis des Verhaltens der Taliban, die vorwiegend den Paschtunen angehören, eine wichtige Rolle.

4 Zur Ethnografie und Landesstruktur

Im Folgenden geht es darum, einen Einblick in die Rahmenbedingungen des Landes zu vermitteln. Klimatische Bedingungen, die für die Landwirtschaft als Haupterwerbsquelle entscheidend sind, die wirtschaftliche Lage sowie das Bildungs- und Gesundheitssystem geben einen Einblick in die Struktur des Landes. Die Literatur hierzu stammt beispielsweise von Jan-Heeren Grevemeyer, der in dem Buch *„Der Nahe und Mittlere Osten. Politik, Gesellschaft, Wirtschaft, Geschichte, Kultur "* von Udo Steinbach und Rüdiger Robert aus dem Jahr 1988 einen Artikel zu Afghanistan verfasst hat sowie von Wolfgang-Peter Zingel, der in der Abteilung für Internationale Wirtschafts- und Entwicklungspolitik in Heidelberg tätig war, als er seinen Internetartikel *„Afghanistan - Sozialstruktur"* verfasste. Ein weiterer Internetartikel stammt aus dem Bereich Wirtschaft der Universität Karlsruhe[15]. Die beiden zuletzt genannten Quellen liefern relativ aktuelle Daten. Ferner werden in diesem Kapitel die vier politisch wichtigsten Ethnien beschrieben. Als Literatur diente unter anderem Maliha Zulfacar *"Afghan Immigrants in the USA and Germany"* von 1998, *"Mullah, Marx and Mujahid"* von Ralph H. Magnus von 2000 sowie *„Die ethnischen Gruppen Afghanistans. Fallstudien zu Gruppenidentität und Intergruppenbeziehungen"* von Erwin Orywal aus dem Jahr 1986. Angaben zur Stellung der Frau innerhalb der verschiedenen Ethnien sind in der Literatur selten zu finden. Eine Ausnahme bilden hierbei die Paschtunen, auf die ich mich in meiner Arbeit hauptsächlich beziehe. Zur Rolle der Frau bei den Uzbeken und Tadschiken gab es in der Literatur keine Hinweise. Abschließend werden die größten religiösen Gruppen Afghanistans vorgestellt, wobei auch hierbei aufgrund fehlender Literaturangaben kein Bezug auf die Frauen genommen wird. Die Literatur für diesen Abschnitt stammt ebenfalls von Magnus aus dem Buch *"Mullah, Marx and Mujahid"*.

---

[15] Der Name des Autors ist nicht bekannt (Anm. d. Verf.).

4.1 Strukturdaten

Der Islamische Staat Afghanistan[16] liegt im Südwesten von Zentralasien und umfasst eine Fläche von 652.225 km². Die Einwohnerzahl liegt bei rund 25.051.000 (1998), von denen etwa 1.780.000 in der Hauptstadt Kabul leben.[17] Die Bevölkerung setzt sich aus Paschtunen, Tadschiken, Uzbeken, Hazara/Hesoren[18] und anderen Ethnien zusammen. Die Amtssprachen sind Paschtu[19] und Dari[20]. Fast 100% der Afghanen sind Muslime, von denen 84% den Sunniten und 15% den Schiiten angehören. Afghanistan ist seit 1990 Islamische Republik mit Burhanuddin Rabbani als Staatsoberhaupt. Seit 1979 befindet sich das Land im Krieg, der 1992 in einen Bürgerkrieg überging (Baratta von 2000: 51).[21]

Afghanistan ist ein Hochgebirgsland, das klimatisch große Temperaturunterschiede aufweist. Während es im zentralen Hochland zu starken Schneefällen kommen kann, herrscht im Industal ein subtropisches Klima. Eine aride Landschaft aus Bergen, Wüsten und Steppen ermöglicht nur eine geringe landwirtschaftliche Nutzung von etwa 12% (Rasuly 1993: 25). Der Niederschlag ist in Afghanistan gering und auf das Jahr und die Regionen ungleich verteilt. Durch die extremen Höhenunterschiede des Landes ist eine landwirtschaftliche Nutzung des Bodens trotz knapper Ressourcen und geringer Niederschläge möglich,

---

[16] Das Taliban-Regime sprach vom Islamischen Emirat Afghanistan (CIA: http://www.cia.gov/cia/publications/factbook/geos/af.html).

[17] Es gibt für Afghanistan wenige zuverlässige Zahlen, das heißt, alle von mir angeführten Zahlen beruhen, soweit nicht anders erwähnt, auf ungefähren Angaben (Anm. d. Verf.).

[18] Die Angaben über die Größe der Ethnien differieren stark; Baratta gibt den Prozentsatz der Hazara mit 15% an, den der Usbeken mit 5%. Zulfacar hingegen gibt die Anzahl der Uzbeken mit etwa 1 Million, die der Hazara mit etwa 870.000 Menschen an. Die Angaben von Orywal aus dem Jahr 1986 sind sehr differenziert und ähneln denen von Zulfacar (Anm. d. Verf.).

[19] Paschtu wird in erster Linie von den Paschtunen gesprochen, die vorwiegend im Süden und Westen des Landes leben. Im Osten des Landes wird das Wort Paschtu anders ausgesprochen, pakhtu oder pukhtu (Snoy 1987: 36). Bei Paschtu handelt es sich nach Dupree um eine indo-iranische Sprache, deren übergeordnete Sprachgruppe die indo-europäische ist (Dupree 1973: 69).

[20] Hierbei handelt es sich um eine Form der persischen Sprache, die ebenfalls aus der indo-iranischen Sprachfamilie kommt (Dupree 1973: 69). Dari wird vorwiegend im Westen des Landes und von den schiitischen Hazara und den Tadschiken gesprochen (Rashid 2001: 46). Diese Sprache wurde besonders in der Poesie und Literatur verwendet (Snoy 1987: 33).

[21] Auf die Entwicklungen nach dem 11. September 2001 gehe ich in Kapitel 6.3 ein (Anm. d. Verf.).

da das Schmelzwasser der Schneeflächen in den Hochgebirgen, das in die Flüsse mündet, in den Tälern zur Bewässerung genutzt wird.

Afghanistan verfügt über reiche Vorkommen an Bodenschätzen, weshalb das Land auch von anderen Staaten immer wieder als Rohstofflieferant geschätzt wurde: Abgebaut werden der Edelstein Lapis Lazuli, Salz, Eisen, Gold, Silber, Chrom, Uran und Erdöl beziehungsweise Erdgas, das besonders in den letzten Jahren als das Exportprodukt in den Vordergrund trat (Grevemeyer 1988: 41-43).

Seit mehr als zwanzig Jahren zählt Afghanistan zu den ärmsten Ländern der Welt. Durch Krieg und Bürgerkrieg wurde die Infrastruktur zerstört und der Arbeitsmarkt brach zusammen. Anhaltende Kämpfe führten zu Flüchtlingsströmen; die Stadtbevölkerung floh aufs Land, die Landbevölkerung versuchte, der Armut und dem Hunger in den Städten zu entkommen und viele Afghanen flüchteten in die Nachbarländer oder nach Westeuropa. Auch das Fehlen einer legitimierten Zentralinstanz trug zu einer Verschlechterung der wirtschaftlichen Situation bei. Die Landwirtschaft stellt gleichermaßen den größten Bereich der Erwerbstätigkeit sowie des Exportes. Exportiert werden Nüsse, Obst, Wolle, Trockenfrüchte und Opium. Die Tierhaltung, es handelt es sich vorrangig um Rinder, Schafe und Ziegen, liegt in erster Linie in den Händen der etwa eine Million Nomaden.[22]

Zu den Kriegsfolgen, zu denen auch die Situation der Flüchtlinge gehört, kam 2001 eine erneute Dürre, die mit dazu führte, dass nur rund 50% der zur Verfügung stehenden Agrarflächen bearbeitet werden konnten. Des Weiteren verendeten etwa 70% der Viehbestände, da es an Wasser und Weiden fehlte. Doch nicht nur durch Naturkatastrophen wurde eine ausreichende Versorgung der Bevölkerung verhindert, sondern auch die Taliban behinderten viele Hilfsorganisationen bei ihrer humanitären Arbeit (Rashid 2001: 30).

---

[22] O. A.: http://www.uni-karlsruhe.de/~afghan/d/wschaft/afgha-wi.htm.

4.2 Sozialstruktur

Die erste nichtreligiöse Schule wurde 1904[23] in Kabul eröffnet und im Jahr 1923 wurde in die Verfassung das Recht auf Schulbildung aufgenommen.[24] Rund 40.000 Schüler besuchten Ende der 20er Jahre die Grundschule oder eine höhere Schule. Mitte der 70er Jahre gab es etwa 5.000 Grundschulen mit rund einer Million Schüler. Die Zahlen täuschen jedoch über die schlechte Situation im Bildungssystem nicht hinweg (Grevemeyer 1988: 48). Zwar wurde 1975[25] die Schulpflicht für alle Kinder vom siebten bis zum zwölften Lebensjahr eingeführt; in den 80er Jahren ging die Zahl der Einschulungen jedoch zurück. Im Jahr 1988 lag die Zahl der Einschulungen in den Grundschulen bei 24% und in den Sekundarschulen bei nur 8% der Schulpflichtigen. Nach dem Abzug der Sowjetunion und mithilfe internationaler Fördermittel stieg die Zahl der Einschulungen wieder. Mit der Machtübernahme der Taliban im Jahr 1994 verschlechterte sich die Lage im Bildungssystem erneut. Allen Mädchen wurde der Schulbesuch verboten. In den von den Taliban kontrollierten Gebieten gab es jedoch vereinzelt Unterricht, der in der Regel heimlich von Frauen geleitet wurde. In der verbleibenden Region, die von der Nordallianz[26] kontrolliert wurde, war die Situation für die Frauen etwas besser; 27% aller Schüler in Badakschan waren Mädchen und in Faizabad lag die Zahl sogar bei 46%.[27]

Die erste Universität des Landes wurde 1932 in Kabul gegründet und verfügte im Jahr 1992 über elf Fakultäten mit etwa 10.000 Studenten. Weitere Universitäten gibt es in Jalalabad (1962), in Herat (1988), in Mazar-e-Scharif (1991) und

---

[23] Zingel gibt für die erste Schuleröffnung das Jahr 1912 an (Anm. d. Verf.).

[24] Die erste Mädchenschule wurde erst 1921 eröffnet (Rahimi 1986: 41).

[25] Grevemeyer spricht von einer Einführung der Schulpflicht für Mädchen ab dem Jahr 1939. Über den zeitlichen Zwischenraum wurden keine weiteren Aussagen gemacht. Siehe auch Kapitel 8.2.1 (Anm. d. Verf.).

[26] Die Nordallianz ist eine heterogene Gruppierung, die sich aus Widerstandskämpfern, den Mujahedin, sowie anderen 'Kriegsherren' zusammensetzt. Sie war der politische und militärische Gegner der Taliban (Schetter 2002: 27).

[27] Die Zahlen stammen von UNICEF und sind aus dem Jahr 2000 (Zingel: http://www.sai.uni-heidelberg.de/intwep/zingel/afgha-so.htm).

in Kandahar (1991). 1988 wurde eine zweite (Islamische) Universität in Kabul gegründet.[28]

Nach dem Zweiten Weltkrieg wurde eine Sozialgesetzgebung in Afghanistan eingeführt, die jedoch nur die staatlichen Bediensteten betraf. Rund 80 bis 90% der Bevölkerung, die als Bauern, Handwerker oder einfache Arbeiter beschäftigt waren, erhielten keine Sozialleistungen (Grevemeyer 1988: 48-49).

Bereits vor der Machtübernahme der Taliban konnte das Gesundheitssystem keine ausreichende Versorgung garantieren. Nur 17% der Landbevölkerung und 80% der Stadtbevölkerung hatten Zugang zu verschiedenen Gesundheitsdiensten. Neben Krankheiten wie Tuberkulose, Typhus oder Malaria bilden jedoch Kriegsverletzungen und deren Folgen das größte Gesundheitsrisiko. Die Dürren der letzten beiden Jahre mit einhergehenden Ernteausfällen trugen dazu bei, dass sich die Lebenssituation weiter verschlechterte. Mit der Machtübernahme der Taliban gerieten besonders die Frauen in eine ausweglose Lage; durch das Arbeitsverbot für Frauen, welches im Gesundheitssystem später zum Teil wieder aufgehoben wurde, hatten Frauen und Mädchen kaum eine Möglichkeit, sich medizinisch behandeln zu lassen. Den Frauen in Afghanistan war es nur erlaubt, sich von weiblichem Medizinpersonal betreuen zu lassen. Des Weiteren herrschte ein großer Mangel an Fachpersonal, da viele Menschen das Land verließen.[29]

---

[28] Zingel: http://www.sai.uni-heidelberg.de/intwep/zingel/afgha-so.htm.
[29] Zingel: http://www.sai.uni-heidelberg.de/intwep/zingel/afgha-so.htm.

4.3 Ethnische Gruppen

Afghanistan ist ein Vielvölkerstaat mit unterschiedlichsten ethnischen, sprachlichen sowie religiösen Gruppierungen. Die Identifikation der Bevölkerung erfolgt in erster Linie nicht durch ein einheitliches Nationalgefühl, sondern innerhalb der religiösen oder ethnischen Gruppe. Das Gefühl von Zusammengehörigkeit manifestiert sich im Islam im Allgemeinen und bei einer Bedrohung von außen (Rasuly 1993:25-27).[30] Nachfolgend stelle ich die vier politisch wichtigsten der über 50 Ethnien und Religionsgemeinschaften dar (Orywal 1986: 18-19). Die Paschtunen bilden mit rund 6.5 Millionen Bürgern die größte Ethnie des Landes. Sie gehören mehrheitlich zu den Sunniten der hanafitischen Rechtsschule. Etwa die gleiche Anzahl Paschtunen lebt in Pakistan (Zulfacar 1998: 235). Häufig wird der Begriff Paschtune mit Afghane gleichgesetzt. Der Grund hierfür liegt in der staatstragenden Rolle der Paschtunen. Die Paschtunen, die nicht hierarchisch strukturiert sind, lassen sich in zwei Gruppen mit unterschiedlichem Dialekt unterteilen; der westliche Dialekt wird von den Paschtunen, der östliche von den Pukhtunen/Pakhtunen gesprochen. Die politische Macht lag in der Regel bei den Paschtunen[31] (Magnus 2000: 11-14). Ein Kriterium für die paschtunische Identität ist die Genealogie, welche die Gruppe umfasst, obwohl sie nicht von allen gleichermaßen akzeptiert wird. Gleiches gilt für das Werte- und Normensystem *pashtûnwâlî*[32], dessen Befolgung vorausgesetzt wird, möchte ein Paschtune als solcher anerkannt werden. Je nach Region und Gruppe differiert die Auslegung und Anwendung (Orywal 1986: 19-20). Politisch gesehen formen sie keine einheitliche Gruppe, bilden jedoch die Mehrheit innerhalb der Ḥizb-i-Islâmî-i Afghanistân, deren bekannteste Persönlichkeit Gulbuddin Hekmatyar ist, und innerhalb der Taliban.[33] Für die paschtunische/pukhtunische Frau gilt,

---

[30] Gemeint ist der Islam als gemeinsame Basis, die sich natürlich innerhalb der Bevölkerung je nach Richtung (Sunniten/Schiiten) unterscheidet. Der Zusammenhalt bei einer Bedrohung von außen bezieht sich hierbei z. B. auf die Besatzung durch die Sowjetunion (Anm. d. Verf.).

[31] Auf diese Ethnie beziehe ich mich in erster Linie in meiner Arbeit (Anm. d. Verf.).

[32] Siehe auch Kapitel 5.2 und 6.1.2 (Anm. d. Verf.).

[33] Alam: http://stud-www.uni-marburg.de/~Alam/grup.htm.

dass auch sie die Normen des *pashtûnwâlî* befolgen muss. Häufig wird sie als ein Objekt betrachtet, das zuerst dem Vater gehört und nach der Heirat dem E-hemann und seiner Familie (Boesen 1983: 167-168).

Rund 3.5 Millionen der Afghanen sind Tadschiken, die hauptsächlich im Nordosten des Landes leben. Auch sie sind mehrheitlich Sunniten und gehören der hanafitischen Rechtsschule an. Eine Minderheit bekennt sich zu den Ismailiten. Die Tadschiken in Afghanistan sprechen mehrheitlich Dari. Die rund 600.000 Parsiwan werden in der Literatur mit den Tadschiken zusammengefasst. Sie sind jedoch eine eigenständige Ethnie und bekennen sich zu den Schiiten (Zulfacar 1998: 235). Auf die Problematik bei der Einordnung der Tadschiken als Ethnie verweist Orywal. So bezeichneten türkische Bevölkerungsgruppen mit *tâzîk* alle muslimischen Gruppen; nach ihrer Islamisierung verwendeten sie den Begriff für Bevölkerungsgruppen aus Mittelasien, die Persisch sprachen. Heute erfolgt häufig eine Identifikation mit einer Region; ein gemeinsames 'Wir-Gefühl' gibt es kaum (Orywal 1986: 22). Im Gegensatz zu den Paschtunen leben die Tadschiken nicht in einem so engen Verbund; dies vereinfacht die Integration innerhalb des Landes. In Afghanistan wurden sie aus gehobenen Positionen im Militär- und Regierungsbereich verdrängt und es gelang ihnen bis auf die Herrschaft von Habibullah Kalakani (1929) und die Regierungszeit von Burhanuddin Rabbani (1992-1996) nicht, die politische Macht zu erlangen (Magnus 2000:15-16). Politisch unterstützten die Tadschiken die Jâmiat-i Islâmî-i Afghanistân mit Burhanuddin Rabbani als Führer. Populärster Tadschike neben Rabbani war General Ahmed Schah Massud[34], der als Kämpfer gegen die sowjetische Besatzung bekannt wurde.[35]

Die Anzahl der Uzbeken liegt laut Zulfacar bei etwa einer Millionen Menschen in Afghanistan. Sie sprechen uzbekisch oder einen türkischen Dialekt und leben

---

[34] General Ahmed Schah Massud starb offiziell sechs Tage nach dem Anschlag zweier Selbstmordattentäter, die sich am 09. September 2001 bei einem vorgetäuschten Interviewtermin sprengten (Ihlau 2001: 167).

[35] Alam: http://stud-www.uni-marburg.de/~Alam/grup.htm.

im Norden des Landes. Wie die Paschtunen gehören auch sie zu den Sunniten der hanafitischen Rechtsschule (Zulfacar 1998: 236). Ihre Lebensform ähnelt der der Tadschiken und oft kommt es zu Heiratsbeziehungen zwischen beiden Ethnien. Die Identifikation erfolgt nach der Region oder ihrer Deszendenzgruppe[36] (Orywal 1986: 23-24). Die Uzbeken unterstützen General Raschid Dostum, der ein Verbündeter der alten kommunistischen Regierung war. Dostum erhält auch heute noch Hilfe von Russland und Uzbekistan.[37]

Die Hazara sind mit etwa 870.000 Menschen die viertgrößte Ethnie Afghanistans. Ihre Sprache ist das Hazaragi, das mit dem Dari verwandt ist. Die Hazara bekennen sich als Schiiten zu den Imamiten oder Ismailiten[38]. Nur eine kleine Minderheit gehört zu den Sunniten (Zulfacar 1998: 235). Sie leben im Hazarajat, in Zentralafghanistan, einer Gegend, die sich für die Landwirtschaft nur bedingt eignet. In den sozialen Strukturen der Hazara gibt es führende Persönlichkeiten, die mit der Abstammungslinie des Propheten in Verbindung gebracht werden. Häufig wurden sie in der afghanischen Geschichte unterdrückt und waren Sklaven der Herrschenden (Magnus 2000: 16). Grevemeyer weist darauf hin, dass die Hazara-Frauen mit den Männern zusammen auf den Feldern arbeiten und in verschiedenen öffentlichen Bereichen über ein Mitspracherecht verfügen (Grevemeyer 1990: 274). Politisch orientieren sie sich an der Hizb-i Wahdat-i Afghanistân, die vom Iran unterstützt wird.[39]

Als weitere Ethnien, auf die ich hier nicht näher eingehen möchte, seien noch die Aimak, Nuristani, Balutschen, Turkmenen, Kirgisen und andere genannt.

---

[36] Genealogische Reihe, durch die eine Person mit den Nachkommen verbunden ist (Anm. d. Verf.).
[37] Alam: http://stud-www.uni-marburg.de/~Alam/grup.htm.
[38] Zwischen beiden Religionsgemeinschaften bestehen keine Heiratsbeziehungen (Orywal 1986:. 26).
[39] Alam: http://stud-www.uni-marburg.de/~Alam/grup.htm.

4.4 Religion

Die Religion und Tradition in Afghanistan basiert auf einer Mischung präislamischer und islamischer Religion sowie den verschiedenen Regeln der unterschiedlichen Ethnien. Besonders gegen hinduistischen und buddhistischen Einfluss musste sich der Islam behaupten. Der Großteil der Bevölkerung hat ein liberales Verhältnis zu den religiösen Ritualen des Islam. Für sie steht die Liebe zur Musik, zur Kunst und zur Poesie in keinem Widerspruch zu ihrer Religion.[40] Jedoch gab es in Afghanistan immer eine konservative Kraft, die auch in der eher liberalen Stadt Kabul zu finden war. Neben dem sunnitischen und schiitischen Islam spielt auch der Sufismus, eine 'mystische' Ausrichtung des Islams, eine große Rolle in Afghanistan.

Die Basis für den puritanischen Islam, der von den Taliban fortgesetzt wurde, legte der Inder Sayyad Ahmed Barelvi (1786 bis 1831). Er rief gegen die Briten, die über Britisch-Indien herrschten und ihre eigenen Normen und Werte in die Region brachten, zum *jihâd* auf. Zehn Jahre nach dem Aufstand von 1857 gegen die Briten kam es zur Gründung der ersten islamischen Schule[41], in der viele islamische Gelehrte ausgebildet wurden. Die islamischen Gelehrten *'ulamâ*[42], die aus diesen Schulen kamen, gewannen in den 30er und 40er Jahren an Einfluss. Sie wurden von der Regierung bezahlt und berieten die Machthaber in legislativen und exekutiven Fragen hinsichtlich der Religion (Marsden 1998: 78-79). Der als *mollâh*[43] bezeichnete Gelehrte hingegen leitete die Gebete in den Moscheen und beriet die Muslime bei der Befolgung der rituellen Gesetze.

---

[40] Die Meinungen, ob der Islam mit Musik vereinbar ist, sind sehr unterschiedlich. Während die Fundamentalisten nur das musikalische Rezitieren der Koranverse und das Rufen des *muezzin* „Gebetsrufer" (Anm. d. Verf.) gestatten, wird im Iran die persische Musik von Teilen der Geistlichkeit gefördert (Thoraval 1999: 251).
[41] Siehe auch Kapitel 6.1 (Anm. d. Verf.).
[42] Bei dem Wort *'ulamâ'* handelt es sich um die arabische Pluralform von *'âlim*. Übersetzt wird das Wort mit „Gelehrter", es bezeichnet traditionell jemanden, der Kenntnisse über den Koran und über die Überlieferungen des Propheten (*ḥadîth*) besitzt (Elger 2001: 314d, 105a).
[43] Der Begriff stammt aus der persischen Sprache und bezeichnet einen „Theologiestudenten", „Gelehrten" oder „Lehrer" der unteren Hierarchieebene (Pistor-Hatam 2001b: 211).

Unter der sowjetischen Besatzung stieg die Entschlossenheit der *'ulamâ'*, den 'wahren' Islam im Land zu verbreiten. Jedoch gab es auch zu diesem Zeitpunkt immer Ethnien, die unabhängig von der Regierung ihre eigene Tradition weiterlebten. Viele der religiösen Führer in Afghanistan waren beeinflusst durch den pakistanischen Islamwissenschaftler Abdul Allah Maududi, der 1941 in Indien die Partei Jâmiat-i Islâmî gründete, die 1947 auch in Pakistan etabliert wurde. Maududi stellte sich gegen den Westen, den er als dekadent und korrupt bezeichnete (Marsden 1998: 78-81). Diese Einstellung bildete auch die Grundlage für die Haltung der Taliban, die sich öffentlich gegen die 'westlichen' Werte stellten. Die ultrakonservative Einstellung Maududis, der auch die Frauen von jeglichem Leben ausschloss, wurde von den Taliban übernommen. Die Taliban, die unter anderem dem wahhabitischen[44] Einfluss unterstanden, beanspruchten für sich die einzig 'wahre' Interpretation des Islam. Die Taliban wurden von Saudi-Arabien unterstützt, das Moscheen in Afghanistan und auch Camps in Pakistan finanzierte (Marsden 1998: 78-87).

Die Majorität der afghanischen Muslime besteht aus Sunniten, die der hanafitischen Rechtsschule folgen. Diese Rechtsschule war bis 1977 in der afghanischen Verfassung verankert. Die wichtigste religiöse Institution ist die Moschee. Die Gebete werden vom *mollâh* oder *'imâm*, der für seinen Koranunterricht und sein Lehren bezahlt wird, gehalten. Des Weiteren gibt es einflussreiche Familien, die von der Propheten-Familie abstammen, jedoch über keine formale Funktion verfügen. Die Ausbildung der Gelehrten erfolgt unter anderem an der "Deoband Dar al- Ulum", in Ägypten oder Syrien. Im Jahr 1946 wurde die Fakultät für *sharî'a* in die Universität von Kabul eingegliedert. Ziel war es, den Studenten sowohl das islamische Recht als auch das säkulare Rechtssystem nahe zu bringen. Die Sunniten als Mehrheit des Landes verfügen über keine zentrale Struktur und sind nicht hierarchisch gegliedert. Für sie ist der *'imâm* ein Vorbeter und der Begriff *khalîfa* steht als Stellvertreter für den Propheten. Die Sunni-

---

[44] Islamische Bewegung, die auf der Arabischen Halbinsel entstand. Lehrmeinungen müssen direkt aus dem Koran oder der *sunna* stammen und nicht aus den vier Rechtsschulen (Conermann 2001b: 322).

ten unterscheiden sich von den Schiiten, indem sie mit den Begriffen *'imâm* und *khalîfa* nichts Göttliches implizieren.

Schwierig für das durch die hanafitische Schule geprägte Rechtssystem in Afghanistan ist es, rechtliche Fragen anderer Religionen und Ethnien zu behandeln. Auch das Nebeneinander von *sharî'a* und *pashtûnwâlî* führt häufig zu Konflikten innerhalb eines Rechtsstreites. Eine Schlichtung erfolgt hierbei meist durch die *'ulamâ'* (Magnus 2000: 70-94).

> "The coexistence of the Pushtunwali with the *shari'a* was achieved only through the arbitration by mullahs and other ulema, whose community stature allowed them to bridge the chasm [...]" (Magnus 2000: 78).

Die Imamiten bilden die größte schiitische Gruppe.[45] Zu ihnen zählen unter anderem die Hazara, die Farsiwan, die Qizilbash und wenige Paschtunen. Während ihre Muttersprache in der Regel Dari ist, benutzen sie als religiöse Sprache das Arabische. Als Schutz vor Diskriminierung sind sie in der Lage, ihre Religion zu verbergen.

So lange der *mahdî*[46] noch nicht zurückgekehrt ist, besteht die Möglichkeit einer breiten Interpretation bezüglich religiöser Fragen. Da Afghanistan nie eine schiitische Staatsreligion wie der Iran besaß, entwickelten sich die religiösen Autoritäten aus einem sozialen Kontext heraus. Die Schiiten leben in der Regel in isolierten Gebieten des Landes. Ein wichtiger religiöser Aspekt der Schiiten ist es, dem Märtyrertod von Hussain zu gedenken. In den sechziger Jahren war es möglich, in bestimmten Vierteln Kabuls Prozessionen bei dem Fest *'âshûrâ'*[47] zu zelebrieren. Die damalige Regierung zeigte somit Respekt gegenüber den Schiiten, die häufig von den Paschtunen unterdrückt wurden.

---

[45] Zu den einzelnen schiitischen und sunnitischen Gruppen sowie dem Sufismus in Afghanistan liegen keine Zahlenangaben vor (Anm. d. Verf.).

[46] Arabisch „Rechtgeleiteter". Damit ist eine Person gemeint, die von den Gläubigen erwartet wird, um den Islam zu erneuern, wenn dieser durch unmoralische Führer verfremdet wird (Heine 1991c: 487).

[47] Der Zehnte im ersten islamischen Monat, an dem die Schiiten Hussain gedenken, der bei der Schlacht von Kerbela starb (Pistor-Hatam 2001a: 45-46).

Die Ismailiten bilden die zweite schiitische Fraktion in Afghanistan. Sie werden in zwei Gruppen unterteilt: 1. Nizari-Ismailiten, die dem Agha Khan folgen und 2. die Musta'lian-Ismailiten. Die Ismailiten in Afghanistan gehören in erster Linie zu den Nizari-Ismailiten. Ihre Muttersprache ist eine persische Sprache, die sie im Gegensatz zu den Imamiten auch als Sprache der Religion gebrauchen. Bei den Nizari ist der lebende *'imâm* für die spirituellen Werte der Gemeinschaft zuständig. Sie sind hierarchisch organisiert und leben meist als feste Gemeinschaft in den Dörfern, von der Außenwelt eher isoliert (Magnus 2000: 84-87). Eine weitere wichtige Rolle spielt in Afghanistan der Sufismus. Die beiden bekanntesten 'Sufiorden' sind Naqshbandiyya und Qadiriyya. Ihre Mitglieder engagieren sich in der Gesellschaft sozialpolitisch. Viele von ihnen sind in Parteien wie etwa der Jâmiat-i Islâmî-i Afghanistân tätig. Neben den Führern, die aus den *madâris*[48] kommen, gibt es auch viele charismatische Führer, die ihre Autorität aus ihrer Religiosität erzielen (Magnus 2000: 75, 94-97).

---

[48] Das Wort *madrasa* (Singular) / *madâris* (Plural) kommt aus der arabischen Sprache und bedeutet „Schule". Häufig sind damit Koranschulen gemeint (Anm. d. Verf.).

5 Das afghanische Frauenbild zwischen Religion und Tradition

Mit diesem Kapitel möchte ich einen Einblick in die Lebensbedingungen der Musliminnen vermitteln. Es soll hierbei nicht ein vollständiges Bild der Musliminnen entworfen werden, im Blickpunkt sollen vielmehr Einzelaspekte stehen. Dass die Situation der muslimischen Frauen dabei je nach Region, sozialer Herkunft und individuellen Eigenschaften unterschiedlich ist, kann vorausgesetzt werden. Jedoch gibt es bestimmte Verhaltensmuster und kulturelle Charakteristika, die besonders in muslimischen Gesellschaften zu finden sind. Um die religiöse Stellung der Frau zu verstehen, ist es wichtig, auch auf die vorislamische Zeit einzugehen. Im Folgenden wird die Situation der Musliminnen in erster Linie im Hinblick auf die familienrechtlichen Aspekte hin untersucht. Im Vordergrund stehen dabei die Ehe und die Trennung der Lebensbereiche von Männern und Frauen. Die Literatur hierfür stammt von Ina und Peter Heine *„O ihr Musliminnen...Frauen in islamischen Gesellschaften"* von 1993, Wiebke Walther *„Die Frau im Islam"* aus dem Jahr 1980 und von Erika Knabe *„Frauenemanzipation in Afghanistan"* von 1977. Dieses Buch dient ebenso als Hauptquelle für die Beschreibung der Frau in der afghanischen Gesellschaft. Knabe lebte bis zu diesem Zeitpunkt sieben Jahre in Afghanistan und ihre Sprachkenntnisse ermöglichten ihr einen tieferen Einblick in das Geschehen. Ihre Beobachtungen beziehen sich jedoch in erster Linie auf die Städte Kabul und Herat. Auch bei der Beschreibung der afghanischen Frau können nur Einzelaspekte betrachtet werden, die in der Literatur häufiger erläutert werden. Zu diesen Bereichen gehört beispielsweise die Eheschließung, die von Knabe untersucht wurde oder die verschiedenen Hierarchieebenen innerhalb der Frauengemeinschaft, mit denen sich Audrey Shalinsky 1989 in ihrem Artikel *"Women's relationships in traditional northern Afghanistan"* beschäftigt. Sie beschreibt die Hierarchieebenen am Beispiel der Farghanachis im Norden des Landes. Inger W. Boesen befasst sich in ihrem Artikel *"Conflicts of interests in Pakhtun women's live"* mit der paschtunischen Frauenrolle. In einer sechsmonatigen Feldforschung in den Jahren

1977/1978 in der Provinz Kunar im Osten Afghanistans untersuchte sie die Lebenssituation der dort lebenden Frauen. Über etwaige Sprachkenntnisse liegen keine Informationen vor. Wie meine Ausführungen zeigen, handelt es sich um Untersuchungen unterschiedlicher Ethnien in verschiedenen Regionen. Es kann daher nicht von 'der afghanischen Frau' gesprochen werden, sie muss differenziert werden nach Ethnie, Religion, sozialer und regionaler Herkunft. Letzterer Aspekt beinhaltet auch den Unterschied zwischen der Stadt- und Landbevölkerung.

5.1 Zur Rolle der Frau im Islam

In der vorislamischen Zeit gab es acht verschiedene Arten der Eheschließung, zu denen etwa die polyandrische[49] Eheform gehörte, bei der die Kinder einer Frau einem beliebigen Ehemann zugeordnet wurden. Ferner konnten Männer die Frauen für eine kurze Zeit tauschen oder zwei Männer lebten in einer Ehegemeinschaft und hielten sich Mätressen, die ein Anrecht auf Versorgung hatten. Diese Vielfalt der Eheformen wurde durch den Koran gesetzlich geregelt und bezog sich seitdem auf die Geschlechterbeziehung von Mann und Frau. Durch den Koran wurde eine Ordnung in die Gesellschaft eingeführt, mit der die Rechte und Pflichten von Männern und Frauen explizit festgelegt wurden.

Bei der Auslegung des Korans ist darauf hinzuweisen, dass es häufig schwierig zu erkennen ist, ob es sich in den jeweiligen Suren und Versen um Situationen der Gesellschaft handelt, wie sie vorislamisch war oder wie sie nach islamischer Vorstellung sein soll (Knabe 1977: 31-34).[50] Das islamische Gesetz, *sharî'a*, basiert auf verschiedenen Quellen. Neben dem Koran spielen die Traditionen des Propheten eine wichtige Rolle. Die *sunna* oder die *hadîth* zu untersuchen, würde an dieser Stelle zu weit führen. In vielen islamischen Gesellschaften können sich die Frauen jedoch nicht auf den Koran oder die *sunna* berufen, da zum einen das westliche Rechtssystem parallel existiert und zum anderen das Ge-

---

[49] Eheform, bei der eine Frau mit mehreren Männern lebt (Anm. d. Verf.).
[50] Ein weiteres Problem tritt durch die Übersetzung auf, die nicht einheitlich vorliegt (Anm. d. Verf.).

wohnheitsrecht[51], das von Region zu Region variiert, das islamische Recht ergänzt (Heine 1993: 35-37).

Generell gilt im Islam, dass vor Gott alle Menschen gleich sind. In Sure 40, Vers 40 heißt es dazu:

> „40 [...]. Diejenigen aber, die tun, was recht ist, (gleichviel ob) männlich oder weiblich, und dabei gläubig sind, werden (dereinst) in das Paradies eingehen, wo ihnen (himmlische Speise) beschert werden wird, [...]" (Paret 1996: 830-831).

Die religiösen Rechte und Pflichten gelten für alle Muslime, unabhängig von ihrem Geschlecht. Wie im Christentum und im Judentum wird auch im Islam von einer generellen Überlegenheit des Mannes ausgegangen (Heine 1993: 27-29). In Sure 4, Vers 34 heißt es dazu:

> „34 Die Männer stehen über den Frauen, weil Gott sie (von Natur vor diesen) ausgezeichnet hat und wegen der Ausgaben, die sie von ihrem Vermögen (als Morgengabe für die Frauen?) gemacht haben. [...]" (Paret 1996: 218).

Die Überlegenheit bezieht sich besonders auf wirtschaftliche und intellektuelle Bereiche. Daraus erklärt sich auch, dass die Zeugenaussage einer Frau nur halb so gewichtig ist wie die des Mannes (Heine 1993: 29-30).

In der vorislamischen Zeit kam es häufig zur Tötung von Töchtern. Die Gründe hierfür waren unter anderem, dass Mädchen als Schande für den Vater galten oder wirtschaftliche Probleme zur Tötung führten.[52] Durch den Islam änderte sich die Situation für die Gesellschaft; die Tötung von Mädchen wurde seitdem nicht mehr praktiziert (Heine 1993: 14-15).

Männer und Frauen leben auch innerhalb des Hauses in getrennten Bereichen, wo es spezielle Räume sowohl für Männer als auch für Frauen gibt. Die Seklusion der Geschlechter wird mit dem Islam begründet, jedoch gab es die Ge-

---

[51] Arabisch *'âdât* für „Gewohnheiten" (Halm 2001: 76). Das Recht entsteht hierbei aufgrund von Verhaltensmustern einer sozialen Gruppe in bestimmten Situationen. Ferner basiert es nicht auf schriftlich fixierten Gesetzen, sondern Entscheidungen werden aufgrund vorheriger Fälle getroffen (Klausberger 1999: 152). Hierzu zählt auch das *pashtûnwâlî* der Paschtunen (Anm. d. Verf.).

[52] Heine weist darauf hin, dass die Tötung von Mädchen, Filiazid, auch in anderen Kulturen, wie etwa in Südamerika oder Indien, bekannt war und praktiziert wurde (Heine 1993: 14).

schlechtertrennung auch in Byzanz und im Perserreich (Heine 1993: 47-52). Die Trennung der Geschlechter ist neben dem privaten Bereich vor allem in der Öffentlichkeit zu finden. In vielen muslimischen Ländern gibt es in öffentlichen Gebäuden separate Eingänge für Frauen. Selbst in der Architektur spiegelt sich die Trennung wieder. Zahlreiche Sackgassen und die Architektur der Häuser vermeiden, dass Fremden ein Einblick in die Häuser gewehrt wird (Heine 1993: 140-144).

Bei der Ehe, die in der islamischen Gesellschaft ein wichtiges Fundament bildet, handelt es sich um einen zivilrechtlichen Vertrag, der die Rechte und Pflichten der Ehepartner regelt. Während etwa der Ehemann für den Unterhalt aufkommen muss, ist die Ehefrau verpflichtet, dem ehelichen Geschlechtsverkehr nachzukommen. Der Ehevertrag lässt sich in der Regel nicht annullieren. Eine Ausnahme bildet die Impotenz des Mannes (Knabe 1977: 62-65). Das Entscheidungsrecht über den Abschluss der Ehe liegt bei dem Vormund der Braut, *wa-li*[53]. Die Vormundschaft wird durch einen nahen männlichen Verwandten, den Vater oder Bruder der Braut gestellt. In Ausnahmen kann die Vormundschaft durch den Richter oder den Bräutigam gestellt werden (Walther 1980: 34). Walther weist auf die unterschiedlichen Vormundschaftsregeln der vier Rechtsschulen hin. Während nach den Rechtsschulen der Malikiten, Schafiiten und Hanbaliten auch eine erwachsene Frau durch ihren Vormund verheiratet werden kann, erlaubt die hanafitische Rechtsschule eine eigenständige Eheschließung der erwachsenen Frau, sofern sie einen ebenbürtigen Partner gewählt hat (Walther 1980: 34). Mit dem Abschluss des Ehevertrages wird das *mahr*[54] fällig. Die Höhe des *mahr* ist in der Regel abhängig von dem sozialen Status der Familie.

---

[53] Arabisch, „Helfer", „Freund", „Patron", „Vormund" (Wehr 1976: 977).
[54] Arabisch, „Morgengabe", „Brautgeld", „Mitgift" und „Lösegeld" (Wehr 1976: 827). Grevemeyer weist in Bezug auf Afghanistan auf zwei verschiedene Formen der Mitgift hin. Zum einen wird sie von der Seite des Mannes auf die Frau übertragen und zum anderen handelt es sich um eine fiktive Summe, die der Frau erst bei einer Scheidung gegeben wurde. Während erstere der allgemeinen Ausstattung dient, handelt es sich bei letzterer um eine Absicherung für die Frau, falls sie von ihrem Mann verstoßen wird (Grevemeyer 1990: 268).

Während die niedrigste Summe des *mahr* auf zehn Dirham[55] festgesetzt war, so ist die Grenze nach oben nicht festgelegt. Nach dem ersten vollzogenen Geschlechtsverkehr oder dem Tode des Mannes hat die Frau Anspruch auf ihr *mahr*. Wird die Ehefrau von ihrem Ehemann verstoßen, bevor es zum Verkehr kam, so hat die Frau ein Recht auf die Hälfte des *mahr* oder, falls das *mahr* nicht festgelegt wurde, auf ein Geschenk. Dies steht ihr jedoch nur zu, wenn die Ursache der Trennung bei dem Mann liegt (Knabe 1977: 72-74). In Sure 2, Vers 229 steht dazu:

> „229 [...]. Und es ist euch (im letzteren Fall) nicht erlaubt, etwas von dem, was ihr ihnen (vorher als Morgengabe) gegeben habt, (wieder an euch) zu nehmen, [...] " (Paret 1996: 152).

Kommt es zu einer Trennung, so werden die Kinder, bis sie selbstständig sind, von ihrer Mutter erzogen. Die Jungen bleiben bis zu ihrem siebten Lebensjahr und die Mädchen bis zum Beginn der Pubertät bei der Mutter. Nur in Ausnahmefällen werden die Kinder der Frau nicht zugesprochen. Als Gründe gibt Knabe die Abwendung von der Religion an, die Frau erscheint als nicht mehr vertrauenswürdig oder sie heiratet einen anderen Mann (Knabe 1977: 85).

Die Ehe ist im Islam die wichtigste Verbindung von Männern und Frauen. Außereheliche Kontakte sollen daher bestraft werden. Die Strafe muss laut Koran für Männer und Frauen die gleiche sein. In Sure 24, Vers 2 steht dazu:

> „2 Wenn eine Frau und ein Mann Unzucht begehen, dann verabreicht jedem von ihnen hundert (Peitschen)hiebe! [...]" (Paret 1996: 627).

Der Ehebruch umfasst jeglichen sexuellen Verkehr, der außerhalb der Ehe stattfindet. Laut Walther wurde die Strafe, Ehebrecher zu steinigen, aus dem jüdischen Recht übernommen. Wird eine Frau des Ehebruches beschuldigt, so muss dieser jedoch von vier Zeugen bewiesen und bezeugt werden (Walther 1980: 37).[56] Dies gestaltet sich in der Praxis jedoch als schwierig; die Frau wird durch

---

[55] Hierbei handelt es sich um eine alte Währung in Gold, deren Wert wechselte (Knabe 1977: 73).
[56] Das Taliban-Regime hielt sich bei seiner Rechtssprechung nicht an den Koran. Siehe hierzu auch Kapitel 6.1.3 und 6.2.2 (Anm. d. Verf.).

diese Einschränkung vor Verleumdung geschützt (Knabe 1977: 49). Stirbt der Mann innerhalb einer Ehe, so hat die Witwe die Möglichkeit, für ein Jahr im Haus des verstorbenen Ehemannes zu bleiben oder aber eine neue Ehe einzugehen und das Haus zu verlassen. Sure 2, Vers 240:

> „240 Und wenn welche von euch abberufen werden und Gattinnen hinterlassen, (so gelte) als Verordnung (von seiten Gottes) zugunsten ihrer Gattinnen, (diese) mit einer Ausstattung zu versehen, bis ein Jahr um ist, ohne (sie während dieser Zeit aus der Wohnung) auszuweisen. Wenn sie aber (von sich aus vor Ablauf des Jahres) ausziehen, ist es für euch (d.h. die Erben oder den Vormund) keine Sünde, wenn sie ihrerseits (zum Zweck ihrer Wiederverheiratung?) etwas unternehmen, was sich geziemt. [...]" (Paret 1996: 157).

Witwen dürfen über sich selbst verfügen und entscheiden, mit wem sie eine neue Ehe eingehen. Es ist laut Koran verboten, dass sie zwangsverheiratet beziehungsweise 'vererbt' werden (Knabe 1977: 55-58). Sure 4, Vers 19:

> „19 Ihr Gläubigen! Es ist euch nicht erlaubt, Frauen (nach dem Tode ihres Mannes) wider (ihren) Willen zu erben. [...]" (Paret 1996: 214).

Die Rechte und Pflichten der Muslime, die unter anderem im Koran fixiert sind, stehen jedoch häufig im Widerspruch zur Praxis innerhalb der islamischen Länder. Im Folgenden möchte ich beschreiben, inwieweit das islamische Recht dem Gewohnheitsrecht und den Traditionen der afghanischen Gesellschaft gegenübersteht und welche Auswirkungen dies für die Frauen hat.

5.2 Die Situation der Frau in der afghanischen Gesellschaft

Aufgrund der vielen verschiedenen Ethnien des Landes gibt es kein einheitliches Bild der Frauen. Außerdem unterscheidet sich die Situation der Afghaninnen in den Städten und in den Dörfern. Etwa 90% der Frauen leben in den Dörfern des Landes, die zum Teil von der Außenwelt abgeschnitten sind. Die Frauen auf den Dörfern tragen in der Regel nur eine leichte Kopfbedeckung und arbeiten häufig gemeinsam mit den Männern, was jedoch nicht bedeutet, dass sie Seite an Seite miteinander leben. Auch hier gibt es getrennte Bereiche. Die Hochzeit eines Sohnes oder einer Tochter wird fast ausschließlich von den Eltern arrangiert. Stirbt der Ehemann, werden Witwen innerhalb der Dörfer durch die Strukturen der Verwandtschaft aufgefangen. Das Hauptproblem für die Frauen bildet, laut Rahimi, die große Anzahl von Analphabetinnen und die fehlende Unterstützung durch juristischen Beistand (Rahimi 1986: 53).[57]

Die Nomadenfrauen sind in der Regel unverschleiert[58] und arbeiten zusammen mit den Männern. Sie betreuen die Tiere, bauen die Zelte auf und führen ein relativ 'freies' Leben. Eine Schulbildung bleibt ihnen jedoch verwehrt. Auch die Frauen in Nuristan in Ostafghanistan tragen keinen Schleier und verrichten 'Männerarbeit'; sie säen, ernten und sammeln Brennholz. Die Feste feiern Männer und Frauen oft gemeinsam (Rahimi 1986: 55).

Die kleinste und zugleich wichtigste soziale Gruppe, die allen Mitgliedern Schutz gewährt, ist die Familie. Die Familie muss daher vor allen äußeren Gefahren bewahrt werden und die Interessen des Einzelnen oder die der Umwelt und auch des Staates stehen hinter denen der Familie. Die Interessen der Familie

---

[57] Auf die Situation der Frauen in den Städten gehe ich hier nicht gesondert ein, da sich zum einen die Lebensweise der Frauen aus den Städten hinsichtlich der Traditionen, wie etwa der Art der Eheschließung, nicht in dem Maße von den Frauen aus den Dörfern unterscheidet. Zum anderen beziehe ich mich in den folgenden Kapiteln fast ausschließlich auf die Frauen aus den Städten beziehungsweise aus Kabul (Anm. d. Verf.).
[58] Die Frage nach dem Tragen des Schleiers spiegelt sich in allen von mir dargestellten politischen Phasen wieder und wird in der Literatur meist im Zusammenhang mit der 'Freiheit' beziehungsweise 'Unfreiheit' Frauen in Verbindung gebracht. Auf die Verschleierung gehe ich in Kapitel 6.2.3.1 näher ein (Anm. d. Verf.).

werden vom ältesten Mann der Familie vertreten, wobei die älteste Frau der Familie die Interessen der Frauen nach außen hin vertritt (Hahn 1972: 195-196). Nachfolgend beziehe ich mich auf die Ausführungen zur Eheschließung von Erika Knabe, die durch ihre Sprachkenntnisse und den Aufenthalt von sieben Jahren in Afghanistan einen tiefen Einblick in die kulturellen Besonderheiten erhalten konnte.

Die Familien in Afghanistan sind patrilinear[59] beziehungsweise patrilokal[60] organisiert. Bei der Eheschließung, die vorwiegend monogam ist, wird die Endogamie[61] bevorzugt. Die Frauen werden gerne mit dem Cousin väterlicherseits oder mütterlicherseits verheiratet. Wird ein Sohn geboren, so wird dieser mit freudigen Salutschüssen als neues Mitglied der Gemeinschaft begrüßt. Der Vater erlangt durch die Geburt des Sohnes ein höheres Ansehen innerhalb der Familie und der Gemeinschaft. Die Freude bei der Geburt einer Tochter ist weniger groß. Frauen gelten in der Regel als unzuverlässig und nicht vertrauenswürdig. Als Grund für die Unzufriedenheit bei der Geburt einer Tochter wird unter anderem angegeben, dass diese großgezogen wird, um sie dann in eine andere Familie zu geben und dass sie vor Verleumdungen behütet werden muss. Ihre Ehre ist dabei gleichzeitig mit der Ehre der gesamten Familie verbunden. Die Kinder werden in der Regel autoritär erzogen und müssen schon früh Gehorsam gegenüber Älteren lernen (Knabe 1977: 89-94). Die Brautwahl und Brautwerbung erfolgt laut Knabe oft durch die weiblichen Verwandten eines jungen Mannes. Entdecken sie ein passendes Mädchen, sprechen sie mit ihren Ehemännern - in seltenen Fällen mit dem Sohn - über eine mögliche Eheschließung. Haben sie nach einigen Erkundungen einen positiven Eindruck von der Familie des Mädchens, besuchen die weiblichen Verwandten das Haus der jungen Frau, um dort das Verhalten des Mädchens zu beobachten. Der wahre Grund für den Besuch wird nicht angegeben und unter einem Vorwand verschaffen sich die Frauen

---

[59] Der Verwandtschaftsgruppe des Vaters angehörend (Anm. d. Verf.).
[60] Auf den Wohnsitz des Vaters bezogen (Anm. d. Verf.).
[61] Die Nuristani hingegen bevorzugen die Exogamie (Snoy 1972: 179).

Eintritt in das Haus der möglichen Braut. Hat sich der gute Eindruck des Mädchens bestätigt, geben die Frauen den wahren Grund des Kommens an. Im Gegenzug informiert sich nun die Familie des Mädchens über die Familie des zukünftigen Mannes. Besuchen die Frauen das Haus des Mädchens ein zweites Mal, geben sie mit diesem Besuch das Einverständnis zur Eheschließung. Wird von der Familie des Mädchens Tee serviert, so ist sie mit der Verbindung einverstanden. Im Anschluss daran verhandeln die Männer weitere Formalien. In den Verhandlungen wird die Höhe des *mahr* festgelegt und bestimmt, welche Art von Geschenken gemacht wird. Häufig kommt es bei diesen Gesprächen zu Streitigkeiten, da die Familien sich über die Höhe des *mahr* nicht einigen können. Die Familie des Ehemannes kann damit drohen, das Einverständnis zurückzunehmen, was für das Mädchen tragisch wäre, da sie in diesem Stadium der Verhandlungen bereits als verlobt gilt. Bei dem Abschluss des Ehevertrages ist die Braut nicht anwesend und das *mahr* wird ihrem Vormund gegeben, wenn die Braut noch unmündig ist. Jedoch wird die Morgengabe oft von den Familien einbehalten, auch wenn die Braut bereits mündig ist (Knabe 1977: 98-104). Zum Zeitpunkt der Mündigkeit beziehungsweise zum Eintritt in das Erwachsenenalter steht im Koran in der Sure 30, Vers 54:

> „54 Gott ist es, der euch geschaffen hat (indem ihr) aus (einem Zustand von) Schwäche (zur Welt kamet) (d.h. als hilflose kleine Kinder). Hierauf ließ er nach (einem Zustand von) Schwäche (im Kindesalter einen Zustand von) Kraft eintreten (indem ihr erwachsen und selbständig wurdet). [...]" (Paret 1996: 724-725).

Die Liebe zwischen den Ehepartnern steht bei der Eheschließung nicht im Vordergrund, sie ist eher unerwünscht, da die familiäre Bindung durch eine zu starke Beziehung der Partner zueinander gefährdet werden könnte (Knabe 1977: 102). Das Verhältnis zur Sexualität erscheint widersprüchlich, da zum einen die Sexualität beziehungsweise ihre Gefahr ständig präsent ist, zum andern jedoch tabuisiert wird. Während Sexualität für die Männer ein rechtmäßiges Vergnügen ist, so zählt es für die Frauen zu ihren Hauptfunktionen innerhalb der Ehe. Frauen gelten als schwach und sexuell verfügbar und sind dadurch ständiger Gefahr ausgesetzt. Die Frauen bedürfen des Schutzes des Vaters, Ehemannes oder Bruders, da die Frauen von Männern außerhalb der Familie begehrt werden. Außerehelicher Geschlechtsverkehr seitens der Ehefrau wird als eines der höchsten Verbrechen betrachtet. Durch diese Untreue sind nicht nur Mann und Frau betroffen, sondern die Ehre beider Familien wird beschädigt. Um die Ehre wieder herzustellen, ist der Ehemann gezwungen, seine Frau zu töten oder sie zu ihrer Familie zurückzuschicken. Die Familie wird ebenfalls dazu gezwungen, die 'Ehebrecherin' zu bestrafen (Knabe 1977: 122-126). Wird eine Frau zur Witwe, so wird sie oft, entgegen den bereits zitierten Aussagen aus dem Koran, dazu gezwungen, einen Angehörigen der Familie ihres verstorbenen Mannes zu heiraten (Knabe 1977: 104).

Es wird davon ausgegangen, dass Frauen ein bestimmtes Wesen besitzen. Dieses ist dadurch gekennzeichnet, dass sie bezüglich Intelligenz und Verstand den Männern unterlegen sind und sie aufgrund ihrer Menstruation und Gebärfunktion 'biologisch krank' sind. Des Weiteren gelten sie als physisch und psychisch schwach und sind daher nicht für ausdauernde Arbeit geeignet. Aus der sich daraus ergebenen Überlegenheit der Männer haben die Männer das Recht, ihre Frauen zu kontrollieren. Frauen haben die Aufgabe, sich um Haus und Kinder zu kümmern und den Männern ein beschauliches Leben zu ermöglichen (Knabe 1977: 126-130).

Eine besondere Rolle fällt den Afghaninnen in Krisenzeiten zu. Zögern die Männer, in den Kampf zu ziehen, welchen die Frauen befürworten und als wichtig erachten, legen sie den Schleier ab. Mit dieser Geste verdeutlichen sie, dass sich der Mann wie eine Frau verhält. Ebenso ist es möglich, durch das Ablegen des Schleiers einen Waffenstillstand herbeizuführen. Eine Versöhnung zweier Gruppen ist auch möglich durch die Gabe von Frauen. Hierbei ist darauf hinzuweisen, dass jedoch oft die Frauen Ursache des Konfliktes sind (Knabe 1977: 132-134).

Audrey Shalinsky erläutert am Beispiel der Farghanachis im Norden Afghanistans die hierarchischen Strukturen innerhalb der Familie. Während an unterster Stelle die unverheirateten Frauen stehen, steigert sich ihr Status mit der Eheschließung und weiter mit der Mutterschaft. In der Hierarchie steigen sie weiter auf, wenn sie die Rolle der Schwiegermutter übernehmen - an oberster Stelle steht die Großmutter. Innerhalb des Haushaltes und in Bezug auf die Kindererziehung spielen die Frauen die entscheidende Rolle. Die Frauen sind maßgeblich an der Entscheidung bei der Wahl der Frau ihres Sohnes beteiligt, da die Frau beziehungsweise die Schwiegermutter mit der zukünftigen Schwiegertochter in einem Haushalt leben muss. Oft kommt es dabei zu Konflikten zwischen Schwiegermutter und Schwiegertochter. Nimmt der Mann sich eine Zweitfrau[62], so kann es zusätzlich zu Auseinandersetzungen zwischen beiden Ehefrauen kommen, eine enge Bindung beider Frauen ist ebenso möglich. Die Frauen stehen in einem engeren Kontakt zueinander als die Männer und helfen sich gegenseitig. Sie leisten Hilfestellung bei der Geburt, bei Hausarbeiten und tauschen Intimitäten aus. Die Männer treffen sich in der Regel nur bei Versammlungen oder bei dem Besuch der Moschee, während der Kontakt zwischen den Frauen alle Bereiche des alltäglichen Lebens umfasst. Problematisch wird es daher für die Frauen, die zu Flüchtlingen[63] werden, da diese aus ihrer Nachbarschaft herausgerissen werden und in kleinen Haushalten innerhalb der Lager isoliert leben (Shalinsky 1989: 117-129).

---

[62] Laut Koran ist es dem Mann gestattet, bis zu vier Frauen zu heiraten, sofern er sie alle gerecht behandelt. Liberale Muslime schließen daraus, dass eine Gleichbehandlung nicht möglich ist und somit die Monogamie vorzuziehen ist (Walther 1980: 35-36).
[63] Da in den Flüchtlingslagern verschiedene Ethnien und damit fremde Menschen zusammenlebten, mussten sich die Frauen besonders schützen und konnten sich nicht frei außerhalb ihrer Räume bewegen (Moghadam 1994: 869). Besonders schwierig war es für Witwen und Frauen mit körperlichen Schäden, da sie häufig auf sich alleine gestellt waren (Dupree 1989: 5-7).

Inger W. Boesen beschäftigte sich zwischen 1977 und 1978 in der Provinz Kunar im Osten Afghanistans mit der Situation der paschtunischen[64] Frau. Sie muss den Regeln des *pashtûnwâlî* folgen; verstößt sie gegen die Normen - beispielsweise durch den Ehebruch - kommt es nicht selten zu einer Tötung durch den Ehemann.[65] Die Frau wird als Objekt betrachtet, das zuerst dem Vater gehört und nach der Heirat in die Familie des Mannes wechselt, in der dann der Mann entsprechend über sie verfügen kann (Boesen 1983: 167-168). Zwischen beiden Geschlechtern besteht jedoch ein Abhängigkeitsverhältnis. Nicht nur die Frauen benötigen den Schutz ihrer Männer vor Gefahren, die von außen einwirken können; auch die Männer sind von ihnen abhängig, obwohl sie ihnen nicht vertrauen.

> "She must be feared, because precisely through being a "monster" in that sense she can fundamentally uproot the Pakhtun social order. But man can not do without her: 'May God not make a house without her'. Men are dependent on women, just as well as women are dependent on men, [...]" (Boesen 1983: 168).

Den Männern ist die Bedeutung der Frauen bewusst, da sie die Funktion des Lebensspenders haben und die männliche Linie fortsetzen. Die Ehre[66] als einer der wichtigsten Aspekte für die Paschtunen steht im Zusammenhang mit der männlichen Kontrolle über die Frauen, die sie beschützen. Durch die Frauen kann die Ehre gefährdet werden. Die Regeln von *purdah*[67] können die Ehre schützen (Boesen 1983: 168-169). Der Begriff *purdah* kommt aus dem Urdu (*pardah*) beziehungsweise aus der persischen Sprache (*pardaka*) und bedeutet Schleier. *Purdah* ist zum einen eine Art Schutzvorhang, der hauptsächlich in Indien ge-

---

[64] Die Forschung von Boesen bezieht sich eigentlich auf die pakhtunischen/pukthunischen Frauen im Osten des Landes. Da es sich hierbei um die Beschreibung des *pashtûnwâlî* handelt und dieses mit dem von Steul, das in Kapitel 6.1.2 beschrieben wird, vergleichbar ist, bleibe ich bei dem Oberbegriff „paschtunisch". Inwieweit sich die Begriffe inhaltlich unterscheiden, ist aus der Literatur nicht eindeutig zu ersehen (Anm. d. Verf.).

[65] Siehe auch Ausführungen von Sigrist in Kapitel 6.1.2 (Anm. d. Verf.).

[66] Hauschild weist auf die Bedeutung des Begriffes „Ehre" innerhalb der ethnologischen Mittelmeerforschung hin. Der Begriff „Ehre", häufig mit „Scham" in Verbindung gesetzt, kann zum einen auf verbindliche Regeln verweisen, die von politischen Eliten festgelegt wurden. Ferner kann in diesem Begriffspaar eine moralische Kritik an Ungerechtigkeiten beinhaltet sein (Hauschild 2000: 195).

[67] Das arabische Wort *burd* steht für „Gewand" und *burdâya* für „Vorhang" (Wehr 1976: 45).

nutzt wird, um Frauen von Männern oder Fremden zu trennen und zum anderen ein hinduistisches und muslimisches System der Geschlechtertrennung.[68] Dieses System umfasst alle Lebensbereiche; es kennzeichnet den Bau der Städte und Dörfer, prägt die einzelne Person in ihrer Grundhaltung und Gestik. Während die Konservativen *purdah* als eine essenzielle Institution betrachten, so wird dies von den Reformkräften bestritten (Knabe 1977: 135-137).

Die Frauen befinden sich häufig in einer Konfliktsituation, da sie zusammen mit der Familie die Ehre verteidigen und gleichzeitig zur Gruppe der Frauen zählen, die ebenfalls an die Regeln des *pashtûnwâlî* gebunden ist. Die paschtunischen Männer beanspruchen sowohl die Kontrolle über die Frauen und das Land als auch über alle produktiven Bereiche. Die Frauen verfügen über keinerlei Besitz, obwohl ihnen laut Koran im Falle einer Erbschaft die Hälfte dessen, was der Bruder erhält, zustehen würde. Durch diese Besitzlosigkeit sind sie vollkommen von ihren Vätern, Brüdern oder Ehemännern abhängig (Boesen 1983: 169-179).

---

[68] The American Heritage Dictonary: http://www.bartleby.com/61/69/P0666900.html.

6 Die Situation der Frauen von 1994-2001

Durch die Machtübernahme der Taliban im September 1994 kam es zu einem tiefen Einschnitt in das Leben vieler afghanischer Frauen. Durch das Berufsverbot sowie das Verbot des Schulbesuches wurden sie aus dem öffentlichen Leben ausgeschlossen. Um die Lage der Frauen unter diesem Taliban-Regime verstehen zu können, ist es wichtig zu wissen, woraus diese Bewegung entstanden ist und durch welche Traditionen und religiösen Hintergründe die Taliban geprägt worden sind. Als die Taliban 1994 die Macht ergriffen, waren sie für viele Beobachter eine unvorhergesehene politische Erscheinung. Dass es sich bei diesem Regime nicht um ein plötzlich aufgetretenes Phänomen handelte, sondern um das Ergebnis einer längeren Entwicklung, möchte ich im ersten Teil des Kapitels näher erläutern. Um die Entstehung der Taliban-Bewegung darzustellen, greife ich beispielsweise auf den Artikel von Hafeez Malik *"Taliban's Islamic Emirate of Afghanistan: Its Impact on Eurasia"* aus dem Jahr 1999 zurück, in welchem er auf den religiösen Hintergrund eingeht. Ahmed Rashid und Thomas Ruttig mit seinem Artikel *„Die Taliban - Bewegung ‚aus dem Nichts'"* von 1999 gehen beide auf die Entstehung und die politische Motivation der Taliban-Bewegung ein. Da das Taliban-Regime mehrheitlich aus Paschtunen besteht, wird die Beschreibung dieser Ethnie aus Kapitel 4.3 weiter ausgeführt und der 'Ehrenkodex', *pashtûnwâlî*, detailliert erläutert. Die Ausführungen zum *pashtûnwâlî* stammen größtenteils von Willi Steul *„Paschtunwali. Ein Ehrenkodex und seine rechtliche Relevanz"* (1981). Während mehrjähriger Aufenthalte zwischen 1972 und 1977 sammelte Steul das Material für seine Dissertation im Fachbereich Ethnologie. Nach einem kurzen Einblick in die rechtliche Situation unter den Taliban wird die politische und soziale Situation des Landes aus der Sicht der Taliban beschrieben.

Im zweiten Teil des Kapitels gehe ich der Frage nach, welche Auswirkungen das Regime auf die Situation der Frauen hatte, die in besonderem Maße von den Restriktionen betroffen waren. In einer allgemeinen Einführung werden unter anderem die Organisation RAWA (Revolutionary Association of the Women of Afghanistan) sowie persönliche Erlebnisse von Frauen geschildert. Die Literatur zu dieser Einführung stammt von Renate Kreile, deren Artikel *„Zan, zar, zamin - Frauen, Gold und Land. Geschlechterpolitik und Staatsbildung in Afghanistan"* 1997 veröffentlicht wurde sowie von RAWA, die im Internet mit einem umfangreichen Onlineauftritt präsent ist. Das Berufs- und Bildungsverbot für Mädchen und Frauen durch das Taliban-Regime hatte sowohl persönliche Auswirkungen auf die Frauen als auch auf das soziale System des Landes. Ausgebildete Frauen fehlten besonders im Bildungs- und Gesundheitsbereich. Als Quelle zum Kapitel Bildung und Beruf dient aufgrund des Mangels an Literatur hinsichtlich dieser Zeitspanne größtenteils das Internet. Karen Mazurkewichs Internetartikel *"Bringing Hope--and Homework--to the Girls"*[69] vom Mai 2000 beschreibt, wie Frauen trotz des Berufsverbotes in Privatwohnungen Mädchen unterrichteten. Dieser Aspekt wird auch von Imke Schridde in dem Zeitschriftenartikel *„Gesichter aus Garn: Afghanistan"* von 1999 beleuchtet. Ferner greife ich auf die Schriftenreihe *„Bericht zur Lage in Afghanistan. Ergebnisse einer Untersuchung in Pakistan und Afghanistan vom 1. bis 18. September 1996"* von Veronica Arendt-Rojahn zurück, in der die Ausbildungs- und Berufssituation in Kandahar, Herat, Mazar-e-Scharif und Kabul beschrieben wird. Die Ausbildungs- und Berufssituation bezieht sich hierbei in erster Linie auf das Gesundheitssystem. Die Verbote und Strafen der Taliban umfassten jedoch alle Bereiche des täglichen Lebens. Hierbei beziehe ich mich auf Ahmed Rashid *„Taliban. Afghanistans Gotteskrieger und der Dschihad"* von 2001. Mit den Restriktionen und Strafen der Taliban, von denen die Frauen im besonderen Maße betroffen waren, beschäftigt sich auch Barbara Erbe in dem Artikel *„Afghanistan. Gewalt im Namen der Religion"*, der 1997 im Magazin "ai-Journal" (amnesty international) erschien. Einen großen Bereich nimmt die Beschreibung des Gesundheitssystems ein. Nach einer allgemeinen Einführung in die medizinische Lage, die sich auf die Literatur

---

[69] Mazurkewich:
http://www.time.com/time/asia/magazine/2000/0529/afghanistan.womenduction.html.

"The darkest of ages: Afghan women under the Taliban" (1999) von John J. Schulz und Linda Schulz stützt, wird das Tragen der *burqa'*, des Ganzkörperschleiers, mit den damit verbundenen Einschränkungen im Alltag untersucht. Als Quelle für die Erläuterung der medizinischen Situation dient neben dem bereits erwähnten Artikel von Schulz die Studie von PHR (Physicians for Human Rights) *"III. Women's Health and Human Rights Survey"*[70]. Die Organisation PHR versucht mithilfe medizinischer Methoden Menschenrechtsverletzungen aufzuzeigen und sie zu beenden. Um die Stellung der Frau aus der Sicht der Taliban zu beschreiben, greife ich erneut auf die Internetseite des Taliban-Regimes zurück und auf das Internetmaterial von Azzam Publications-for Jihad and Mujahideen *"The Taliban and Women"*[71], deren Argumentation sich eng an die der Taliban anlehnt.

Abschließend werden die Situation nach dem 11. September 2001 und die darauf folgende Bombardierung Afghanistans dargestellt. Es wird der Frage nachgegangen, ob, und wenn ja, welche Auswirkungen die Vertreibung der Taliban auf die Frauen hat. Die Literatur basiert aufgrund der Aktualität auf Artikeln der Wochenzeitschrift „Der Spiegel", wie etwa Uwe Klußmann mit dem Artikel „*Echte Söhne Afghanistans*" und auf Internetmaterial der Zeitung „Die Welt", zum Beispiel den Beitrag von Sophie Mühlmann „*Anwältin der Frauen Afghanistans: Fatima Gailani*"[72].

---

[70] PHR: http://www.phrusa.org/campaigns/pdf/afghan_pdf_files/03_womens_health.pdf.
[71] Azzam Publications-for Jihad and Mujahideen: http://www.azzam.com/html/talibanwomen.htm.
[72] Mühlmann: http://www.welt.de/daten/2001/11/29/1129fo298764.htx?print=1.

6.1 Die Taliban-Bewegung

Bei dem Begriff Taliban handelt es sich um eine persische Pluralform beziehungsweise um einen Plural des arabischen Wortes *tâlib*[73] aus dem Paschtu. Übersetzt wird Taliban mit Studenten, wobei gemeinhin darunter Studenten verstanden werden, die ein religiöses Studium betreiben. In den *madâris*, den religiösen Schulen und Universitäten wie der "Deoband Dar al- Ulum", die bereits 1862 in Uttar Pradesh (Indien) gegründet wurde, erhalten die jungen Muslime eine traditionell religiöse Erziehung. Viele der Taliban-Führer stammen aus diesen Schulen, etwa der ehemalige Botschafter der Taliban für die Vereinten Nationen, Mawlana Abdul Hakim. In den Seminaren der *madâris* erhalten die Studenten Unterricht in Arabisch, Rhetorik, Koranexegese oder auch islamischem Recht. Neuere Texte islamischer Gelehrter werden nicht gelesen, sodass ein Vergleich zu reformistischen Ansätzen für die Studenten nicht möglich ist (Malik 1999: 65-69).

Die Koranschulen werden in erster Linie von Saudi-Arabien finanziell unterstützt und dienen als eine soziale Basis für arme Familien. Viele afghanische Schüler kommen aus den Flüchtlingslagern. Sie erhalten kostenlos Kleidung und Nahrung und werden unentgeltlich unterrichtet. Entstanden ist die Taliban-Bewegung in diesen Koranschulen. Jedoch setzten sich die Taliban nicht ausschließlich aus ehemaligen Flüchtlingen zusammen; auch viele Fundamentalisten anderer islamischer Länder hatten sich den Taliban angeschlossen. Gesteuert wurde die Taliban-Bewegung von außen. Pakistan und die USA unterstützten mit ihren Geheimdiensten die Taliban militärisch und logistisch und erhofften sich durch die Taliban ein stabiles Regime, das wirtschaftliche Investitionen wie die geplante Pipeline der amerikanischen Firma Unocal quer durch Afghanistan schützen würde. Außerdem förderten sie die Taliban aufgrund der antiiranischen Einstellung. Gleiches gilt auch für Saudi-Arabien, das die Taliban

---

[73] Die arabischen Pluralformen von *tâlib* sind *tulâb* und *talaba* (Anm. d. Verf.). Weitere Übersetzungen sind „Studierender", „Sucher", „Bewerber" und „Forderer" (Wehr 1976: 510).

finanzierte, um die eigene sunnitische Ausrichtung des Islams gegen die schiitische des Irans zu stellen. Doch auch für internationale Terrororganisationen und Drogenkartelle war Afghanistan interessant, bot es doch unter den Taliban ein ideales Rückzugsgebiet.[74]

6.1.1 Entstehung der Taliban-Bewegung

Nachdem im April 1992 das Najibullah-Regime gestürzt wurde, brach im Land ein Bürgerkrieg aus. Verschiedene Mujahedin[75]-Führer setzten den ehemaligen Befreiungskrieg, der in den 70er und 80er Jahren gegen das kommunistische Regime geführt wurde, untereinander fort. Aus diesem Grund rief im Jahr 1994 Mullah Umar mit 33 Gleichgesinnten die Taliban-Bewegung ins Leben (Ruttig 1999: 12). 1994, kurz vor dem ersten Auftreten der Taliban, bekämpften sich die unterschiedlichen Mujahedin-Führer und hatten das Land in Besitztümer aufgeteilt. Immer wieder kam es zu Übergriffen auf die Bevölkerung. Frauen und Mädchen wurden vergewaltigt, Händler beraubt, Geschäfte und Häuser verwüstet und zerstört. Das Ziel der Taliban war es, das Land zu befrieden sowie die Mujahedin-Kämpfer und die Bevölkerung zu entwaffnen. Des Weiteren wollten sie die *sharî'a* einführen, um den islamischen Charakter des Landes zu festigen (Rashid 2001: 61-62). Der Außenminister der Taliban, Mullah Muhammad Ghaus, beschrieb die Lage so:

> „Wir saßen und diskutierten, wie wir die schreckliche Lage ändern könnten. Wir hatten nur vage Ideen, was zu tun sei, und dachten, wir würden es nicht schaffen, glaubten aber auch, wir handelten im Sinne Allahs – als seine Schüler" (Rashid 2001:62).

Eine Vielzahl der Taliban wurde in den Flüchtlingslagern Pakistans geboren und kannte die Geschichte Afghanistans kaum. In den Koranschulen hatten sie nur gelernt, wie eine ideale islamische Gesellschaft auszusehen hat. Mullah Umar lebte in dem Dorf Singesar in der Provinz Kandahar. Er war *mollâh* des Dorfes

---

[74] Ohnhäuser: http://www.jamshed.purespace.de/afghan/taliban.html.
[75] Der Begriff kommt aus der arabischen Sprache (Sg. *mujâhid*, Pl. *mujâhidûn*) und bezeichnet Personen, die den *jihâd* ausüben (Elger 2001c: 207).

und eröffnete eine kleine Koranschule, die auch von seinen fünf Kindern besucht wurde. Mullah Umar schloss sich der Ḥizb-i-Islâmî-i Afghanistân an und kämpfte zwischen 1989 und 1992 gegen das Najibullah-Regime. Er und seine Gefolgschaft schlichteten häufig Streitigkeiten zwischen den unterschiedlichen Befehlshabern. Da sie keine Entlohnung forderten, sondern nur verlangten, die Errichtung eines islamischen Systems zu unterstützen, wuchs ihr Ansehen in der Bevölkerung. Die Menschen erhofften sich Sicherheit und Frieden durch die Taliban (Rashid 2001: 57-72). Bereits im Dezember 1994 hatten sich rund 12.000 afghanische und pakistanische Koranschüler der Taliban-Bewegung angeschlossen. Nach dem militärischen Erfolg setzten die Taliban unverzüglich ihre eigene Vorstellung des Islams um. Sie verboten den Frauen zu arbeiten sowie jegliche Art der Unterhaltung; die Mädchenschulen wurden geschlossen und die Männer mussten sich einen Bart wachsen lassen. Bereits drei Monate später übernahmen die Taliban die Kontrolle von über zwölf der 31 afghanischen Provinzen (Rashid 2001: 72-74). Zu Beginn der Machtübernahme war es für die Taliban wichtiger, eine islamische Ordnung zu schaffen, als die politische Macht zu ergreifen. Nach der Kontrolle über fast das gesamte Land kündigten die Taliban an, sich nach dem Ende des Krieges mit der *'ulamâ'* über die Zukunft Afghanistans zu beraten. Entgegen vorheriger Ankündigungen riefen die Taliban jedoch 1997 das Islamische Emirat Afghanistan mit Mullah Umar an der Spitze aus (Ruttig 1999: 13). Dass es sich bei den Taliban nicht um eine einheitliche Gruppierung handelte, zeigt Michael Pohly in seinem Artikel *„Die Freunde der Taliban"*: Die erste Gruppe bildeten die Koranschüler, die aus Überzeugung handelten und eine puritanische Form des Islams in Afghanistan verbreiten wollten. Die zweite Gruppierung setzte sich aus Mitgliedern des ehemaligen Khalq-Flügels[76] zusammen. Zu ihr gehörte auch Mullah Rabbani, der 1998 von Mullah Umar entmachtet wurde und in die Golfstaaten emigrieren musste. Die dritte Fraktion

---

[76] Hierbei handelt es sich um eine Fraktion der DVPA (Demokratische Volkspartei Afghanistans). Siehe auch Kapitel 8.1 (Anm. d. Verf.).

rekrutierte sich aus ehemaligen Mujahedin, die sich zwar den Taliban angeschlossen, ihre Form des Islams jedoch nicht übernommen hatten. Die vierte
Gruppe stellten die Flüchtlinge, die ein überwiegend finanzielles Interesse hatten
und ihre Familien versorgen wollten. Die letzte Fraktion schließlich bestand aus
pakistanischen Freiwilligen, die ebenfalls aus den *madâris* kamen (Pohly 1999:
20-22).

Albert von Renesse begründet den Aufstieg des Taliban-Regimes in seinem Artikel *„Kämpfer gegen die Moderne?"* (1999) als eine Reaktion auf den vorange-
gangenen Bürgerkrieg und einen Modernisierungsprozess, der den Menschen
aufoktroyiert wurde. Moderne Waffentechnik, ein zwanzigjähriger Bürgerkrieg,
Versuche einer Zwangsmodernisierung und das Fehlen der Elite, die zum größten Teil im Exil lebt – unter diesen Bedingungen konnten die Bürger die Um-
brüche kulturell kaum verarbeiten. Nach dem Rückzug der Sowjetunion gelang
es den verschiedenen Gruppierungen der Mujahedin nicht, eine gemeinsame
Regierungsform zu finden. Umso größer wurde der Wunsch nach Frieden und
Sicherheit innerhalb der Bevölkerung. Durch die Entwaffnung der regionalen
Warlords[77] und Mujahedin-Kämpfer sorgten die Taliban für Sicherheit und Ordnung. Durch diese Maßnahmen erlangten die Taliban ihre Anerkennung innerhalb der Bevölkerung (Renesse von 1999: 69-72).

> „Sie entwaffnete die meisten der nach dem Sieg über die Sowjets zu
> Räubern und Banditen herabgesunkenen Mudschaheddin, stellte in ih-
> rem Herrschaftsgebiet den Binnenfrieden und die Freizügigkeit wieder
> her und beseitigte Wegezölle und das Wegelagerertum. In der schnel-
> len Garantie von Ruhe, Ordnung und Sicherheit auf Straßen, Wegen,
> Plätzen und Feldern in den von ihr eroberten Provinzen lag ihre Legi-
> timation" (Renesse von 1999: 72).

Um ihre Macht weiter zu festigen, nutzten sie verschiedene Unterdrückungsme-
chanismen, die sie mit vermeintlicher Orthodoxie des Islams rechtfertigten. In
der Praxis zeigte sich jedoch ihre doppelte Moral in Bezug auf die Drogenpolitik
und die wirtschaftlichen Interessen. Während sie den eigenen Drogengebrauch

---

[77] Wird mit „Kriegsherren" (engl.) übersetzt (Anm. d. Verf.).

ablehnten, förderten sie hingegen den Anbau und Export jeglicher Drogen, um eine maximale Gewinnerzielung zu erreichen. Auch bei der geplanten Pipeline durch Afghanistan wollten die Taliban mit westlichen Ländern kooperieren, um wirtschaftliche Erfolge zu erzielen (Renesse von 1999: 69-74).

6.1.2 Ethnologischer und geschichtlicher Hintergrund der Taliban

Die größte Volksgruppe Afghanistans bilden die Paschtunen, aus denen sich auch die meisten Taliban-Anhänger rekrutieren. Die Paschtunen stellten von 1747 bis 1973 das afghanische Königshaus und die Bezeichnung Afghane wird oft mit Paschtune gleichgesetzt. Die traditionelle Elite bestand mehrheitlich aus paschtunischen Adeligen. Nach dem Machtanspruch der Taliban gefragt, verwiesen diese auf eine 250-jährige paschtunische Herrschaft[78] in Afghanistan, die nur durch die Zeit von 1992 bis 1996 unterbrochen wurde. Neben der Ethnizität spielte die Religion eine entscheidende Rolle. Die radikale Islam-Auffassung und das *pashtûnwâlî* der Paschtunen führten zu immer größeren Spannungen zwischen den unterschiedlichen Ethnien. Die Kluft zwischen den schiitischen Hazara und den Taliban vergrößerte sich, als 1998 in Mazar-e Scharif tausende Hazara von den Taliban getötet wurden (Schetter 1999: 8-11).

Ihren Stammbaum führen die Paschtunen auf einen Gefährten des Propheten Muhammad zurück. Die Paschtunen waren es, die im 18. Jahrhundert den afghanischen Staat formten. Ghilzai und Abdali, die später Durrani genannt wurden, sind die 'Hauptstämme' der Paschtunen. Beide Gruppen konkurrieren miteinander. Die Durranis verweisen auf die Abstammung des ältesten Sohnes Quais, während die Ghilzais ihre Abstammung auf dessen zweiten Sohn zurückführen. Andere 'Stämme', wie etwa die Kakars in Kandahar oder die Safis, geben den dritten Sohn als ihren Ahnen an (Rashid 2001: 46-47).

---

[78] Bei dem Begriff Herrschaft handelt es sich um eine übergeordnete Instanz, die in einer asymmetrischen Beziehung zu ihren untergeordneten Instanzen steht. Die Herrschaft kann sich auf den privaten Bereich der Familie, auf die Wirtschaft oder Politik beziehen. Max Weber unterscheidet drei Arten der Legitimität von Herrschaft: die rationale (beruht auf legalen Verfahren), die traditionale (beruht auf der Autorität) und die charismatische (auf die Führerpersönlichkeit beruhend) (Weiß 1998b: 248).

Im Jahr 1747 wählten die Afghanen Ahmed Schah Abdali zu ihrem König. Gewählt wurde er durch die *jirga*[79], das traditionelle Treffen der 'Stammesführer'. Durch diese *jirga* wurde der neue Herrscher legitimiert und konnte dabei die Erbmonarchie umgehen. Ahmed Schah Abdali nannte dieses Bündnis Durrani und vereinigte alle Paschtunen-'Stämme' unter sich. Ahmed Schah Durrani, wie er sich nun nannte, eroberte 1761 den Thron von Delhi und Kaschmir und errichtete das erste Afghanische Reich. Die Durranis verloren im Laufe der Geschichte einige ihrer Gebiete; ihre Herrschaft in Afghanistan konnten sie jedoch über 200 Jahre halten (Rashid 2001: 46-48).

Im Folgenden gehe ich detaillierter auf das Normen- und Wertesystem der Paschtunen, das *pashtûnwâlî*, ein.[80] Bei diesen Ausführungen beziehe ich mich in erster Linie auf die Literatur von Willi Steul. Es ist darauf hinzuweisen, dass die Ausführungen von Steul auf Feldforschungen in der Provinz Khost (Ost-Afghanistan, Grenze zu Pakistan) beruhen und somit keine allgemein gültigen Aussagen über das *pashtûnwâlî* gemacht werden können.

Für Steul handelt es sich beim *pashtûnwâlî* um eine Lebensart, die sich vom nichtpaschtunischen abgrenzt. Es umfasst Verhaltensnormen des Einzelnen und der Gesellschaft.

> „Das Paschtunwali bildet die Summe sämtlicher Werte und daraus entwickelter Normen, die die spezifisch paschtunische Lebensart bestimmen. Das Paschtunwali ist allumfassender Regulator für Bestand und Erhaltung der Gesellschaft und für das Verhalten des Einzelnen. [...], was <u>man</u> als Paschtune tut und was <u>man</u> als Paschtune nicht tut. Das Paschtunwali ist damit ein Mittel der ethnischen Identifikation und der Abgrenzung gegenüber anderen ethnischen Gruppen" (Steul 1981: 134).

---

[79] Im Gegensatz zu *jirga*, die sich auf die Konfliktlösung auf 'Stammesebene' bezieht, handelt es sich bei der *loya jirga* um eine „Große Versammlung", die sich auf die nationale Ebene bezieht (Nölle-Karimi 2001: 14-15). Snoy verweist auf die mongolische Herkunft des Wortes *jirga* und wählt die Übersetzung „Beratung" (Snoy 1972: 187).

[80] Khairi-Taraki macht darauf aufmerksam, dass das *pashtûnwâlî* nicht nur bei den Paschtunen zu finden ist, sondern auch bei den Kurden, Bachtiyaren oder Balutschen (Khairi-Taraki 1987: 49). Es ist aus seinen Ausführungen nicht eindeutig ersichtlich, ob es sich dabei um ähnliche Systeme handelt unter anderem Namen oder um das System *pashtûnwâlî* (Anm. d. Verf.).

Das *pashtûnwâlî* umfasst soziale, ökonomische, ökologische und rechtliche Werte und geht über ein 'Stammesrecht', als das es häufig in der Literatur bezeichnet wird, hinaus (Steul 1981: 134-135).

Wichtiger Bestandteil des *pashtûnwâlî* ist die Solidarität, die mit dem Verwandtschaftsgrad zunimmt. Wird für ein Mitglied der Gemeinschaft nicht Partei ergriffen, so geht dies mit Prestigeverlust einher. Es handelt sich bei diesem Wertesystem um ein reziprokes System, in welchem Pflicht und Anspruch sich gegenseitig bedingen (Steul 1981: 36-38). Von Bedeutung sind Anforderungen wie etwa Heldenmut, Stolz, Ehre und Prestige, die die Grundlage der paschtunischen Gesellschaft bilden. Der Begriff *nang* beschreibt einen Paschtunen, der sich vorbildlich verhält; das heißt, dass er Bedrohungen, die von außen auf die Gruppe einwirken, abwehrt und sich schützend vor die Schwachen stellt. Unter dem Begriff *sharm* verstehen die Paschtunen etwas, was mit „Bescheidenheit", „Schüchternheit" oder „Schande" übersetzt werden kann. Kommt es zu einem Verstoß gegenüber *sharm*, so geht dies mit Prestigeverlust einher. Die Begriffe *ehteram* und *ezat* gehören zu *sharm* und stehen für die „Höflichkeit", insbesondere gegenüber älteren oder höher gestellten Personen, aber auch gegenüber Frauen. Das Konzept von Ehre und Schande spielt eine wichtige Rolle sowohl für den Einzelnen als auch für die Gruppe (Steul 1981: 136-173).

> „Die Ehre des Individuums, über die Verantwortlichkeit, die er trägt, ist untrennbar verbunden mit der Ehre der Gruppe, die sich aus der Ehre der Individuen summiert" (Steul 1981: 174).

Der Aspekt der Ehre zeigt sich in vielen unterschiedlichen Bereichen; kommt es bei Auseinandersetzungen zu einer Verletzung des Rückens, so wird diese mit weniger 'Sühnegeld' belegt als eine Verletzung der Vorderseite. Ein tapferer Paschtune, dem die Ehre wichtig ist, zeigt sich dem Feind. Ferner wird das Fernbleiben trotz angenommener Einladung höher bestraft als etwa ein Diebstahl (Snoy 1972: 186-187). Wird die Ehre in irgendeiner Art und Weise angegriffen, so ist es wichtig, diese wieder herzustellen. Schande und Ehre sind immer zusammenhängend zu betrachten und treten häufig in Bezug auf die Weiblichkeit auf. Kommt es zu einer Entführung einer Braut, so muss laut Sigrist der Bräutigam Braut und Entführer ermorden, um die Ehre wieder herzustellen. Tötet der Bräutigam jedoch nur den Entführer, kann er sich durch die Tötung sieben patrilinearer Verwandter des Entführers ebenfalls rehabilitieren. Die Braut bleibt danach bei dem achten männlichen Verwandten (Sigrist 1980: 264-265).

In der Literatur tauchen häufig die Begriffe *zan, zar, zamin*[81] auf, die mit „Frau", „Gold" und „Boden" übersetzt werden. Diese Wörter stammen jedoch nicht aus dem Paschtu, sondern aus der persischen Sprache und es wird davon ausgegangen, dass sie ihren Ursprung in einer Alliteration eines Poeten haben. Statt des Begriffes *zar*, der „Gold" oder „Geld" bedeutet, wobei Geld jedoch eine untergeordnete Rolle bei den Paschtunen spielt, gibt es bei den Paschtunen den Begriff *sar*. Das Wort *sar* wird übersetzt mit „Kopf" und wird gebraucht

> „[...] für die körperliche und immaterielle Unantastbarkeit des Individuums und die immaterielle Unantastbarkeit eines Gemeinwesens" (Steul 1981: 219).

Zan bedeutet „Frau" und bezieht sich auf die sexuelle Ehre dieser. Das Wort *zamin* steht für „Land", umfasst jedoch auch die Ansprüche und Rechte gegenüber Gegenständen und Frauen. Die Paschtunen sehen sich in einer ständigen Bedrohung durch eine feindliche Umwelt und müssen sich sowohl gegenüber der Außenwelt als auch gegenüber anderen Männern ständig beweisen. Auch das Fehlen einer autoritären Führung unterstützt nach Steul die tendenziell vorhandene Aggressivität. Kommt es zu einem Regelverstoß gegenüber Individuen oder Gruppen, so muss dieser Verstoß öffentlich gemacht werden. In der Regel führt dies zu *badal*[82], das von der Öffentlichkeit als legitim betrachtet wird. Prinzipiell werden Normbrüche bestraft, indem Gleiches mit Gleichem vergolten wird. Es bedeutet jedoch nicht, dass die Strafen und Taten identisch sein

---

[81] Auch Kreile greift in ihrem Artikel *„Zan, zar, zamin - Frauen, Gold und Land. Geschlechterpolitik und Staatsbildung in Afghanistan"* auf diese, wie Steul anmerkt, fehlinterpretierten Begriffe zurück (Anm. d. Verf.).
[82] Arabisch für „Ersatz", „Ausgleich", „Entschädigung" oder „Preis" (Wehr 1976: 40).

müssen. Kommt es beispielsweise zur Verführung einer Frau, so kann dies mit der Tötung des Entführers ausgeglichen werden. Auseinandersetzungen gelten als beendet, wenn beide Parteien übereinkommen, dass es keine weiteren Gründe gibt, den Konflikt fortzuführen (Steul 1981: 218-226).

6.1.3 Das Rechtsverständnis der Taliban

In der Rechtsauffassung der Taliban vermischen sich islamisches Recht und paschtunisches Gewohnheitsrecht.[83] Ferner fehlte es den Richtern, die von den Taliban eingesetzt wurden, an einer entsprechenden Ausbildung. Zur Beweislage in einem Verfahren reichte häufig die Aussage eines einzelnen Zeugen. Die islamischen Richter verurteilten die Straftäter nach ihrem eigenen Verständnis des Islams und ihrer traditionellen Herkunft. Die Angeklagten hatten keinen Anspruch auf Rechtsbeihilfe, und um an fehlende Geständnisse zu gelangen, wurde durch Folter nachgeholfen. Die Verhandlungen dauerten in der Regel nur wenige Minuten, da die islamischen Gerichte über mehrere dutzend Fälle am Tag urteilen mussten (Erbe 1997: 6-8). Vertreter der „Abteilung für die Pflege der guten Sitten und Verhütung von Laster", von der Bevölkerung 'Religionspolizei' genannt, waren für die Einhaltung der Gebote und Verbote innerhalb der Bevölkerung zuständig (Rashid 2001: 186). Sie kontrollierten, ob die Männer der Bartpflicht nachkamen und die Frauen ihre Nägel nicht lackiert hatten oder ob Kinder mit unerlaubtem Spielzeug spielten. Die Verbote der Taliban umfassten alle Bereiche. So wurde beispielsweise das Fußballspielen oder Drachenfliegen verboten. Sämtliches Spielzeug, welches Menschen oder Tiere darstellte sowie Gesellschaftsspiele wie Schach, das als Glücksspiel eingestuft wurde, galten als 'unislamisch' und bei einem Verstoß gegen die Verbote mussten die Menschen mit drastischen Sanktionen rechnen.[84]

Besonders schwere Strafen gab es im Bereich der Homosexualität. Zwei Soldaten, die beim Austausch von Zärtlichkeiten überrascht wurden, wurden von den

---

[83] Das paschtunische Recht galt unter den Taliban für alle Ethnien des Landes (Anm. d. Verf.).
[84] Alam: http://stud-www.uni-marburg.de/~Alam/imnam.htm.

Taliban geschlagen. Anschließend ließen die Taliban die Gesichter der Soldaten mit Öl schwärzen. In Fahrzeugen mit offener Ladefläche wurden sie durch die Stadt gefahren (Rashid 2001: 201). Die Bestrafungen von vermeintlich straffällig gewordenen Menschen wurden durch die Taliban häufig publik gemacht. Wurde gegen die von ihnen aufgestellten Gebote beziehungsweise Verbote verstoßen, so drohte den Straftätern eine öffentliche Demütigung. Die Anwohner wurden dazu aufgefordert, die Straftäter mit Gemüse oder Obst zu bewerfen. Abschließend lässt sich festhalten, dass die Gerichtsverhandlungen, unabhängig von der Art der Bestrafung, nicht den Regeln eines ordentlichen Verfahrens entsprachen (Wolfson 1996: 13-14).

6.1.4 Die politische und soziale Situation aus der Sicht der Taliban

Als 'mittelalterliche Gotteskrieger', die den Islam missbrauchen - so wurden die Taliban in der Presse dargestellt. In diesem Kapitel möchte ich erläutern, wie die Taliban selbst zu den Vorwürfen stehen. Die Taliban verweisen in ihrer Internetseite auf eine 1300-jährige Vergangenheit, in der die *sharî'a* die Grundlage Afghanistans bildete. Bis auf eine kurze Unterbrechung durch die sowjetische Besatzung und eine Reform des Rechtssystems unter König Amanullah im Jahre 1921 und König Muhammad Zahir Schah im Jahre 1964 bildete die *sharî'a* die Basis des afghanischen Rechts. Laut Taliban würde mit der *sharî'a* der Wille der Menschen ausgedrückt und nur durch dieses Rechtssystem könne für die Taliban die Sicherheit und der Frieden in Afghanistan hergestellt werden. Durch die *sharî'a* würden die Menschenrechte, auch die der Frauen, geschützt und nicht wie unter sowjetischer Besatzung außer Acht gelassen.[85]

> "Through the implementation of Shariah rules, the Taliban have been able to restore and protect human rights and dignity, including the rights and dignity of women. These rights were systematically violated by the Communist regime and by the warlords who replaced it".[86]

---

[85] Azzam Publications-for Jihad and Mujahideen: http://www.azzam.com/html./talibanshariah.htm.
[86] Azzam Publications-for Jihad and Mujahideen: http://www.azzam.com/html/talibanshariah.htm.

Die Taliban verwiesen auf die gleiche Behandlung aller Individuen in Bezug auf die persönlichen Rechte. Es würden keine Unterschiede hinsichtlich der Ethnie, Religion oder Sprache gemacht.[87] Dass diese Aussage so nicht haltbar war, zeigt sich anhand verschiedener Quellen. Als ein Beispiel sei hier der Artikel von Andreas Selmeci *„Massaker an den Hazara"* genannt, in welchem der Autor auf Diskriminierungen hinsichtlich des schiitischen Glaubens verweist.

> „[...] Gouverneur, Mullah Manon Niazi, die Hazara-Schiiten öffentlich als „Kafir" (Ungläubige) bezeichnet und zur Gewaltanwendung an ih-nen aufgerufen. [...]. Mehrere Dutzend Hazara wurden am Grabmal von Mazari [...], geradezu rituell hingerichtet. [...]. Mehrere Flüchtlin-ge meldeten Vergewaltigungen junger Hazara-Frauen [...]" (Selmeci 1999b: 24).

Selmeci verweist auch auf Demütigungen gegenüber Hinduisten und Sikhs[88], von denen nur noch eine kleine Anzahl im Land lebte.[89] Allen Nicht-Muslimen verordneten die Taliban im Oktober 1998 das Tragen eines Stückes gelben Stof-fes als Erkennungszeichen (Selmeci 1999b: 25).

Die Taliban warfen den westlichen Medien vor, nicht objektiv über die Situation in Afghanistan zu berichten. Sie bezeichneten die Darstellung ihrer Regierung in den westlichen Medien als eine Kampagne, die sich gegen sie richte. Die Kam-pagne gegen das Islamische Emirat Afghanistan wurde laut den Taliban von Ländern geführt, die ein politisches oder ökonomisches Interesse an Afghanistan hätten. Das wichtigste Ziel des Taliban-Regimes war es nach eigenen Angaben, für Sicherheit zu sorgen und das Land wieder aufzubauen. Während der Regie-rung Rabbani, so die Taliban, war die Bevölkerung Raub und Folter ausgesetzt. Unter den Taliban könnten die Frauen das Haus verlassen, ohne Gefahr zu lau-fen, entführt und gefoltert zu werden.[90] Auch zu den Vorwürfen des Drogenhan-

---

[87] Azzam Publications-for Jihad and Mujahideen: http://www.azzam.com/html/talibanshariah.htm.
[88] Sanskrit für „Schüler", „Jünger". Religionsgemeinschaft, die vorwiegend (88%) in Indien beheima-tet ist. Ziel der Gemeinschaft war die Verbindung von Hinduismus und Islam (Bellinger 1999: 370-371).
[89] Der Autor gibt eine Schätzung von etwa 50 hinduistischen Familien an, die bei Kandahar leben (Sel-meci 1999b: 25).
[90] Taleban: http://www.taleban.com/taleb.htm.

dels und des Terrorismus bezogen die Taliban Stellung. Sie verwiesen darauf, dass der Gebrauch von Drogen und der Drogenhandel offiziell strengstens untersagt wären. Alle terroristischen Ausbildungslager, die laut Taliban unter der Regierung von Rabbani existierten, seien geschlossen worden. Was Usama Bin Laden betraf, so war auf der Internetseite der Taliban zu lesen, dass er in Kandahar unter strikter Beobachtung lebe.[91] Wie sich jedoch spätestens nach dem 11. September 2001 herausstellte, konnte den meisten Aussagen der Taliban nur bedingt Glauben geschenkt werden.

6.2 Frauen unter dem Taliban-Regime

Die Frauen lebten unter den Taliban entsprechend den Richtlinien von *purdah*. Betroffen von den repressiven Regeln waren insbesondere die gebildeten Frauen aus dem städtischen Milieu sowie die Frauen religiöser oder ethnischer Minderheiten. Die Geschlechterpolitik des Taliban-Regimes war in starker Weise von ihrem 'Ehrenkodex' *pashtûnwâlî* gekennzeichnet (Kreile 1997: 396-397, 413-417). Wie weit reichend dieser 'Ehrenkodex' ist, erfuhr der Journalist Michael Lüders vom Taliban-Verantwortlichen für den Rundfunk in Kabul.

> „[...] verdeutlicht folgende Aussage des Taliban-Verantwortlichen für Radio und Fernsehen in Kabul, der das Verbot außerhäuslicher Arbeit für Frauen gegenüber dem Journalisten Michael Lüders folgendermaßen gerechtfertigt hat: ‚Die Kommunisten haben die Frauen in den Behörden arbeiten lassen, um mit ihnen sexuelle Spiele zu treiben. Sie müssen das verstehen. Ein Afghane kann damit leben, wenn seine Frau oder Tochter umgebracht wird. Aber eine Vergewaltigung – das ist sein Tod.' (zitiert nach Lidos 1996, S.9)" (Kreile 1997: 417).

Frauen waren unter den Taliban eindeutig die Verliererinnen, insbesondere in Bezug auf Bildung und Beruf. Dies betraf sowohl die Frauen städtischer Gebiete als auch ländlicher Regionen (Kreile 1997: 414-418).

Frauen wurde auferlegt, sich würdig und ruhig zu verhalten; sie durften keine hochhackigen Schuhe tragen, da diese Geräusche beim Gehen verursachten.

---

[91] Taleban: http://www.taleban.com/taleb.htm.

Auch das Auftragen von Make-up wurde verboten. Auf die Frage nach dem Arbeits- und Schulverbot für Frauen antwortete der Vorsitzende der „Abteilung für die Pflege der guten Sitten und Verhütung von Laster", Maulvi Qalamuddim, dass es im Land momentan ernstere Probleme gäbe. Es müssten vorerst separate Schulgebäude und Transportmöglichkeiten geschaffen werden, um auch die Frauen unterrichten zu können. Die Taliban übertrugen das Milieu, aus dem sie kamen, auf ganz Afghanistan. Viele der Taliban stammen aus dem Süden Afghanistans. In dem Dorf, in dem Mullah Umar aufwuchs, waren die Frauen immer verschleiert gewesen. Mädchen gingen nicht zur Schule, da es in diesem Dorf noch nie eine Schule für sie gegeben hatte. Hingegen waren die Paschtunen aus dem Osten Afghanistans immer stolz darauf gewesen, ihren Mädchen eine Schulbildung zu ermöglichen. Sie schickten ihre Mädchen in Schulen nach Pakistan oder in die Dorfschulen. Wie uneinheitlich das Land hinsichtlich der Behandlung der Frauen war, zeigt sich auch in folgendem Vergleich: Während Kandahar schon früher eine eher konservative Stadt war, galt die Stadt Herat allgemein als weltoffener. Die Zweitsprache der weiblichen Elite in Herat war früher Französisch. Viele der Frauen orientierten sich hinsichtlich ihrer Kleidung an der Mode, die am Hofe des Schahs von Persien getragen wurde. Die Taliban wiederum betrachteten gerade die Hauptstadt Kabul als einen Ort 'unislamischen' Verhaltens und überwachten die Menschen dort entsprechend. Aber auch die Menschen im Norden litten unter den Taliban, da sie von ihnen nicht als 'wahre' Muslime angesehen wurden. Die entschiedene Haltung der Taliban lässt sich zum Teil durch die Männergesellschaft in den *madâris* erklären. Besonders die Waisen, die in den Flüchtlingslagern aufwuchsen, hatten keinen Kontakt zu Frauen und Mädchen. In diesen Koranschulen wurde ihnen die Kontrolle über die Frauen als ein Zeichen der Männlichkeit erklärt (Rashid 2001: 186-196). Die Kontrolle der Männer über die Frauen rechtfertigte auch der Erziehungsminister der Taliban; er benutzte dafür ein poetisches Bild und verglich die Frauen mit einer Rose.

„Wenn es um die Unterdrückung von Frauen geht, waren Männer noch nie um schöne Worte verlegen. In Kabul hört sich das derzeit so an: ,Es ist, als besitze man eine Rose. Man gibt ihr Wasser und hält sie zu Hause, um sie zu betrachten und an ihr zu riechen. Es ist nicht vorgesehen, daß sie das Haus verläßt und von anderen berochen wird'" (Wilke-Launer 1996: 2).

Dieser verklärten Beschreibung konträr gegenüber stand jedoch die Prügelstrafe für Missachtung der Kleidervorschriften oder wenn Frauen ohne männliche Begleitung öffentliche Plätze aufsuchten. Selbst beim Einkaufen durften sie den Laden nicht selbst betreten, sondern mussten das nehmen, was ihnen gereicht wurde. Die Repressionen betrafen sowohl den öffentlichen Bereich als auch die Privatsphäre. Fernsehen oder Musik wurde der Bevölkerung auch in ihren eigenen Wohnungen verboten (Wilke-Launer 1996: 2-3).

Die wohl bekannteste Organisation, die sich für die Rechte der afghanischen Frauen einsetzt, ist RAWA (Revolutionary Association of the Women of Afghanistan), die 1977 in Kabul gegründet wurde. Diese Organisation setzt sich für die Wahrung der Menschenrechte bezüglich der afghanischen Frauen ein. RAWA arbeitet sowohl von Afghanistan als auch von Pakistan aus. In der Zeit der sowjetischen Besatzung wuchs die Organisation und viele Aktivistinnen wurden nach Pakistan geschickt, um dort in Flüchtlingslagern zu helfen. Ihre Ziele versucht RAWA, nach eigenen Angaben, unabhängig von der jeweiligen Regierung durchzusetzen. Sowohl unter der sowjetischen Besatzung, den Mudjahedin als auch dem Taliban-Regime kämpfte RAWA für die Rechte der Frauen.[92] Neben der Beschreibung der allgemeinen Situation greift RAWA auch persönliche Schicksale auf.

Sajida Hayat, eine Aktivistin von RAWA, verbrachte die ersten Lebensjahre in Kabul. Als Kind emigrierte sie mit ihrer Familie nach Pakistan. Nach Jahrzehnten besuchte sie ihr ehemaliges Heimatland. An der Grenze angekommen, musste sie die *burqa'* umlegen. Für sie war das ein ungewohntes Gefühl; es war düster unter diesem Stoffumhang. Die Zerstörung der Stadt, die Taliban, die mit

---

[92] RAWA: http://rawasongs.fancymarketing.net/rawa.html.

einer Peitsche in der Hand an den Straßenecken standen, das alles wirkte fremd-
artig auf sie. Überall bestimmten Angst und Gewalt das Leben in der Stadt.
Frauen auf den Straßen, die gezwungen waren zu betteln, erzählten von ihrer
Hoffnungslosigkeit.

> "[...] 'We are helpless. We had never planned to become beggars.' the
> other women said. A middle aged woman came and said, 'We experi-
> ance death every day. I wish we were not alive. I wish we died instead
> of enduring this gradual death. If it were not prohibited by our relig-
> ion, I would commit suicide'".[93]

Salehah war mit Seyyed Abdul Rahman, einem Mitarbeiter des Taliban-
Geheimdienstes, verheiratet. Bei einem Streit kippte er Benzin über den Körper
seiner Frau und zündet sie an, woraufhin die Nachbarn sie ins Krankenhaus
brachten. Zwei Tage darauf starb sie im Hospital. Der Mann flüchtete mit den
beiden Kindern, und es wurde als unwahrscheinlich betrachtet, dass er von den
Taliban gefasst würde. Bevor Salehah ihren Mann heiratete und die Taliban die
Macht übernahmen, erhielt sie ihren Bachelor-Abschluss in Wirtschaft und arbeitete in einer Exportbank. Verbrechen wie diese passierten laut RAWA unter
den Taliban fast täglich.[94]

6.2.1 Bildung und Beruf

Vor der Machtübernahme durch die Taliban gingen besonders in Kabul viele
Frauen einem Beruf nach. Rund 40% der Frauen in Kabul waren unter der kommunistischen Regierung erwerbstätig. Die gleiche Zahl gibt Rashid auch für die
Zeit der Mudjahedin-Regierung nach 1992 an (Rashid 2001: 194). Im Jahr 2000
sollen nur wenige tausend Mädchen in Kabul bei einer Einwohnerzahl von zwei
Millionen irgendeine Form von Schulbildung erhalten haben.[95] Viele Afghaninnen arbeiteten als Lehrerinnen oder Dozentinnen. Mit dem Arbeitsverbot
brach auch das Schulsystem weitestgehend zusammen. Doch die Frauen suchten

---

[93] Hayat: http://www.rawa.org/sajida.htm.
[94] RAWA: http://www.rawa.org/saleha-e.htm.
[95] Mazurkewich:
http://www.time.com/time/asia/magazine/2000/0529/afghanistan.womenduction.html.

sich Nischen und unterrichteten die Mädchen heimlich in Privatwohnungen, improvisiert wurde mit allen Mitteln.

"The improvised blackboards are closet doors taken from a teacher's home. [...]. They share tattered, well-thumbed textbooks. But at least they are learning".[96]

Trotz des Unterrichtverbotes für Mädchen und der Schließung aller Mädchenschulen arbeiteten auf diese Weise einige ehemalige Lehrerinnen im Untergrund und gaben so den Mädchen die Möglichkeit zu einer grundlegenden Schulbildung. Das erlangte Wissen mussten die Mädchen jedoch vorerst verheimlichen. Die Hoffnung darauf, das Erlernte nach dem Taliban-Regime anwenden zu können, verstärkte ihren Ehrgeiz. Wäre die heimliche Tätigkeit von der 'Religionspolizei' entdeckt worden, so hätten die Lehrerinnen damit rechnen müssen, mit dem Tode bestraft zu werden (Schridde 1999: 20-21).

> „Die Verstecke der Schulen in Hinterhäusern können aber jederzeit entdeckt werden. Das System der Denunziation funktioniere gut, sagt eine Lehrerin in Kabul. ‚Zur Strafe für meine Unterrichtstätigkeit würden die Taliban mich hängen.' Bei anderen „Vergehen" drohen den afghanischen Frauen Schläge und Gefängnisstrafen" (Schridde 1999: 21).

Viele der Afghaninnen, besonders die jungen Frauen, machten sich wenig Hoffnung hinsichtlich ihrer Zukunft. Bei ihrem Besuch in Kabul traf die RAWA-Aktivistin Sajida Hayat auf ein Mädchen, das im zweiten Jahr am medizinischen Institut in Kabul studierte. Unter den Taliban hatte sie keine Möglichkeit mehr, ihr Studium fortzusetzen. Der Wunsch mancher Afghanin, eine Schule zu besuchen oder eine Ausbildung zu absolvieren, war so groß, dass sie dafür auch ihre Familie verlassen hätte. Als Sajida in das Haus von Freunden kam, sank ihr die zwölfjährige Tochter entgegen, und bat Sajida, sie mit nach Pakistan zu nehmen. Sie wünschte sich nichts mehr, als zur Schule zu gehen. Auch die Mutter war bereit, ihre Tochter nach Pakistan zu geben, um ihr eine bessere Zukunft zu er-

---

[96] Mazurkewich:
http://www.time.com/time/asia/magazine/2000/0529/afghanistan.womenduction.html.

möglichen. Durch das Arbeitsverbot waren viele Frauen gezwungen, zu betteln oder der Prostitution nachzugehen. Bettlerinnen, die früher als Lehrerinnen oder Regierungsangestellte beschäftigt waren, erzählten Sajida über ihre derzeitige Situation.

> "I visited some beggars. When I asked them about their previous life, I found that some of them were teachers and government employees. 'Fundamentalists killed my husband. Our house and properties have been plundered. I have three small children. I was a teacher. If not for my children, I would kill myself,' a woman who is now a beggar said".[97]

Auch die Arbeit bei humanitären Organisationen wurde verboten. Im Juli 2000 nahmen die Taliban vierzehn Mitarbeiterinnen solcher Einrichtungen fest und führten sie ab. Als Begründung gaben sie an, dass sie keiner Beschäftigung nachgehen dürften bis auf wenige Ausnahmen im medizinischen Bereich.[98] Einen Monat später wurde den Organisationen der Erlass Nr. 8 vorgelegt, in dem es hieß, dass die Organisationen 'Verderbtheit' förderten. Unterschrieben wurde das Edikt von Mullah Muhammad Umar. Trotz intensiver Bemühungen musste die Arbeit in allen Projekten unterbrochen werden.[99]

In der von der ZDWF (Zentrale Dokumentationsstelle der Freien Wohlfahrtspflege für Flüchtlinge e. V.) herausgegebenen Schriftenreihe *„Bericht zur Lage in Afghanistan"* werden die Ergebnisse einer Untersuchung in Afghanistan im September 1996 dargestellt. Die untersuchten Gebiete sind aufgeteilt in Taliban-Gebiete wie Kandahar oder Herat und in Gebiete, die zu diesem Zeitpunkt nicht von den Taliban beherrscht wurden. Zu diesen Regionen gehörten Mazar-e-Scharif, der Norden Afghanistans und Kabul. Der Schwerpunkt der Untersuchung liegt in den Bereichen Gesundheit und Bildung.

In Kandahar, dem Hauptstützpunkt der Taliban, hatten Frauen und Mädchen keine Möglichkeit, eine Schule zu besuchen oder eine Ausbildung zu absolvie-

---

[97] Hayat: http://www.rawa.org/sajida.htm.
[98] O. A.: http://www.taz.de/tpl/2000/07/11/a0046.nf/stext.Name,ask16554aaa.idx,128.
[99] Heller: http://www.taz.de/tpl/2000/08/04/a0063.nf/stext.Name,ask16554aaa.-idx,113.

ren. Selbst Ausnahmen, die das Gesundheitssystem betrafen, wurden nicht gestattet. So musste beispielsweise ein Kurs für Krankenschwestern geschlossen werden, nachdem der zuständige *mollâh* wechselte. Auch die Ausbildung für Jungen und junge Männer war begrenzt, da die Taliban nicht genügend finanzielle Mittel zur Verfügung stellten. Das Zivilkrankenhaus, das vom „Afghanischen Ärzteverein Deutschland e. V." getragen wurde, war stark beschädigt. Den Frauen wurde anfangs die Behandlung durch das männliche Personal untersagt. Eine Ärztin, die bereit gewesen wäre, unter den Bedingungen des Taliban-Regimes zu arbeiten, ließ sich zum damaligen Zeitpunkt nicht finden. Die Stadt Herat in der gleichnamigen Provinz wurde im Jahr 1995 von den Taliban erobert. Die Stadt war früher ein altes Handels- und Kulturzentrum. Die Mehrheit der Bevölkerung stellen die Tadschiken. Besonders die Frauen in Herat hatten unter den Taliban zu leiden, da sie vor deren Machtergreifung mehr Freiheiten hatten als beispielsweise die meisten Paschtuninnen. Rund 10.000 Frauen arbeiteten als Lehrerinnen; mit der Eroberung durch die Taliban war das Schul- und Ausbildungssystem in Herat zusammengebrochen. In Herat gab es 1996 kein funktionierendes Krankenhaus mehr und obwohl die medizinische Fakultät der Universität wieder eröffnet wurde, fanden dort keine Veranstaltungen statt. Inoffiziell und etwas außerhalb der Stadt gab es einige Frauenprojekte, die jedoch einem hohen Verhaftungsrisiko ausgesetzt waren (Arendt-Rojahn 1996: 5, 12-19).

Mazar-e-Scharif war die inoffizielle Hauptstadt des Gebietes, das von General Raschid Dostum beherrscht wurde. Die Universität Balkh in Mazar-e-Scharif verfügte über sieben Fakultäten. Etwa 7000 Studenten aus ganz Afghanistan studierten dort. Rund 25% der 150 Dozenten sollen Frauen gewesen sein. Was die Veröffentlichung von Publikationen betraf, so erfolgte eine Zensur durch das Erziehungs- und Kulturministerium. Die letzte Entscheidung bei der Einstellung des Personals lag bei General Dostum. Schulunterricht gab es auch für Mädchen. Doch aufgrund der wirtschaftlichen Situation wurden die Dozenten und

Lehrer nicht immer bezahlt. In den staatlichen Kliniken in Mazar-e-Scharif arbeitete das Personal ebenfalls ohne Bezahlung oder nur gegen eine geringe Entlohnung. Patienten mussten ihre Medikamente auf dem *bazar*[100] kaufen und brachten sie zur ärztlichen Behandlung mit. Generell hatten Frauen im Norden die Möglichkeit, einer Berufstätigkeit nachzugehen. Doch aufgrund der schlechten Arbeitsmarktsituation hatten Frauen nur eine Chance in Bereichen, in denen sie nicht mit den Männern konkurrieren mussten. Eine Ausnahme bildeten die Dozentenstellen an der Universität. Der Vorsitz der juristischen und der politikwissenschaftlichen Fakultät der Universität Balkh wurde von einer Frau bekleidet. Jedoch waren die Frauen auch im Norden auf Unterstützung durch ihre Familien angewiesen (Arendt-Rojahn 1996: 23-30). Die Stadt Kabul wurde nur wenige Tage nach dem Ende der Untersuchung vom September 1996 von den Taliban erobert, sodass die nachfolgenden Ausführungen nur eingeschränkt gültig sind. Die medizinische Versorgung war in Kabul nicht mehr gewährleistet und erfolgte zum größten Teil durch internationale Hilfe. Es wurde berichtet, dass einige Ärzte die Behandlung in manchen Fällen von der ethnischen Zugehörigkeit ihrer Patienten abhängig machten. Bezüglich der Ausbildung der Mädchen und Frauen gab der Erziehungsminister an, dass diese problematisch sei. Generell sollte die Ausbildung der Frauen gesichert werden, es sei jedoch eine getrennte Ausbildung vorzuziehen, da das Nebeneinander von Frauen und Männern keine Vorteile mit sich bringe. Professoren der Universität Kabul betonten die eigene Entscheidungsmöglichkeit der Universität und wiesen darauf hin, dass keine Unterschiede zwischen ethnischen, religiösen oder politischen Gruppierungen gemacht würden. Ein großes Problem war der Mangel an kompetenten Dozenten. Während die Universität in den 70er Jahren über 850 Lehrkräfte verfügte, waren es 1996 nur noch 350, die Hälfte davon Frauen. Die vierzehn Fakultäten wurden von 10.000 Studenten besucht, von denen 25% weiblich waren. Vor 1992 waren noch 60% der Studenten Frauen. Der Ministerpräsident

---

[100] Persisch für „Markt" (Anm. d. Verf.).

Hekmatyar forderte eine Trennung der Geschlechter in allen Schulen und Ausbildungsbereichen. Die Hochschulvertreter hielten dagegen, dass seit 35 Jahren Studenten gemeinsam unterrichtet würden und dass genügend Zugeständnisse gemacht worden wären. Frauen saßen getrennt von den Männern in den Hörsälen und trugen eine Kopfbedeckung (Arendt-Rojahn 1996: 36-40).

6.2.2 Verbote und Strafen

Die Verbote und Strafen der Taliban, die im Besonderen gegen die Frauen gerichtet waren, umfassten die gesamten Lebensbereiche. Die Badehäuser, ein Ort, an dem die Frauen unter sich waren und Neuigkeiten austauschten, wurden für Frauen geschlossen. Als die Frauen 1996 gegen die Schließung der Badehäuser demonstrierten, die auch für viele der einzige Ort waren, wo es warmes Wasser gab, wurden viele der Frauen von der 'Religionspolizei' geschlagen und verhaftet. Desgleichen wurde ihnen der Zugang zum *bazar* verwehrt. Die Männer mussten sich dazu verpflichten, die Frauen im Haus zu halten und sie nicht mehr ohne die männliche Begleitung eines nahen Angehörigen, *maḥram*[101], auf die Straße zu lassen. Ferner wurden Schönheitssalons und Friseurgeschäfte geschlossen, Modemagazine vernichtet und verboten; Schneider durften bei ihren Kundinnen kein Maß mehr nehmen, sondern mussten die Maße der Kundin im Kopf behalten oder schätzen. Den Afghanen, traditionell mit einem ausgeprägten musikalischen Kulturgut ausgestattet, wurde es untersagt, Musik zu hören, zu tanzen und Filme zu sehen, da es die Menschen vom Studium des Islam ablenken würde. Als Folge der Verbote flohen viele Intellektuelle und Künstler nach Pakistan und in andere Länder. Malereien, Fotos und Portraits wurden verboten und Feiertage wie etwa der 1. Mai, der Tag der Arbeit, abgeschafft. Für einige Zeit wurde es auch den Schiiten verboten den schiitischen Trauermonat *'âshûrâ'* zu zelebrieren (Rashid 2001: 198-203). Im Juli 1998 wurde von der „Abteilung für die Pflege der guten Sitten und Verhütung von Laster" angeord-

---

[101] Arabisch für „verboten", „Verbotenes", „naher Verwandter", „wer Zutritt zum Harem hat", „Vertrauter", „Vertraute" und „Dienerin" (Wahrmund 1970b: 730-731).

net, dass Neugeborene islamische Namen zu erhalten hätten. Nichtarabisch-islamische Namen wurden als 'lasterhaft' eingestuft.[102]

Auch internationale Organisationen waren von den Verboten der Taliban betroffen. UNICEF und "Save the Children" zum Beispiel wurden gezwungen, ihre Arbeit einzustellen oder zu reduzieren, da sie aufgrund des Arbeitsverbotes für Frauen ihre Arbeit nicht fortsetzen konnten (Erbe 1997: 6-7). Ferner kam es zu Vorfällen wie dem Eindringen in die Büros der Hilfsorganisationen durch Taliban-Kämpfer; Mitarbeiterinnen wurden zur Ausreise gezwungen.

Das Ausmaß der Strafen, die verhängt wurden, stand häufig in keinem Verhältnis zu den Straftaten. Frauen wurden ausgepeitscht, weil sie sich keine *burqa'* leisten konnten und ohne den vorgeschriebenen Ganzkörperschleier die Straße betraten. Andere Frauen wurden geschlagen, weil sie beim Kauf von Kosmetika beobachtet wurden. Strafen wie Hinrichtungen, Amputationen und Steinigungen wurden verhängt, ohne vorher die Beweislage eindeutig zu klären. Im Juli 1996 wurden in der Stadt Kandahar ein Mann und eine Frau gesteinigt, denen eine Beziehung vorgeworfen wurde. Die Aussage eines Nachbarn diente dabei als einziger Beweis (Erbe 1997: 7). Der Koran enthält jedoch zur Zeugenaussage die Auflage, dass mindestens vier Zeugen nötig sind. In Sure 4, Vers 15 steht dazu:

> „Und wenn welche von euren Frauen etwas Abscheuliches begehen, so verlangt, daß vier von euch (Männern) gegen sie zeugen! Wenn sie (tatsächlich) zeugen, dann haltet sie im Haus fest, bis der Tod sie abberuft oder Gott ihnen eine Möglichkeit schafft (ins normale Leben zurückzukehren)!" (Paret 1996: 213).

Die Hinrichtungen durch die Taliban wurden der Öffentlichkeit präsentiert und sollten als Abschreckung dienen. Bei dem angeblichen Liebespaar sollten Bewohner kostenlos mit dem Bus zur Hinrichtungsstelle transportiert werden. Da sich jedoch nicht genug Zuschauer fanden, wurde die Steinigung in das Stadtzentrum verlegt und die Bewohner genötigt, dabei zuzusehen. Während der

---

[102] Frauennews: http://www.frauennews.de/themen/weltweit/afghan.htm.

78

Mann nach sieben Steinwürfen tot war, blieb die Frau noch länger am Leben. Ihr Sohn wurde gezwungen nachzuprüfen, ob sie noch lebe. Weinend sagte er, dass sie noch leben würde. Einer der Taliban ließ einen Felsbrocken auf ihren Kopf fallen, woraufhin sie starb (Erbe 1997: 6-7).

6.2.3 Die medizinische Situation

Willkürliche rituelle Bestrafung und repressive Gesetze verursachten sowohl physische als auch psychische Erkrankungen. Im September 1996 begann sich die Situation für Frauen auf gesundheitlicher Ebene weiter zu verschlechtern. Die schlechte physiologische Konstitution der Frauen konnte durch den Mangel an medizinischen Kliniken und Praxen und durch deren unzureichende Ausstattung nicht aufgefangen werden. In den Kliniken gab es zum Teil kein fließendes Wasser und keine Heizung, Frauen durften nicht von männlichem Personal betreut werden. Da die Taliban den Frauen zeitweise auch die Berufstätigkeit in medizinischen Bereichen komplett untersagten, erhielten Frauen überhaupt keine medizinische Hilfe. Neben den physischen nahm auch die Anzahl psychischer Krankheiten zu.[103] Durch die kontinuierlichen Repressionen der Taliban stieg die Suizidrate der Frauen. Viele der Frauen sahen nur diesen einen Ausweg, um der Folter und Bestrafung durch die Taliban zu entgehen. Die Frauen, die von einem Tag auf den anderen ihre Arbeit verloren und keinen Rückhalt innerhalb der Familie hatten, waren plötzlich gezwungen zu betteln. Dies betraf in erster Linie die Witwen, die ihren Ehemann im Krieg oder durch die Taliban verloren hatten. Ehemalige Lehrerinnen, Krankenschwestern oder Dozentinnen hatten nur diese Möglichkeit, ihre Kinder zu versorgen. Dies bedeutete für die Frauen nicht nur eine starke körperliche Belastung, sondern auch eine seelische (Schulz 1999: 237-241).

> "In Kabul alone there are an estimated 30,000 widows (Mann, 1998). In many cases, these widows, the sole support for their young families, are now trapped without burqas, jobs, or any source of income. In

---

[103] Die Grenze zwischen physiologischer und psychologischer Erkrankung ist oft fließend. Die Unterteilung stellt also nur eine grobe Einteilung dar (Anm. d. Verf.).

an eyewitness dispatch from Kabul, correspondent Mann reported 'a city of beggars...women who had once been nurses or teachers, now moving on streets like ghosts under their enveloping burqas, selling any possession and begging so as to feed their children' (p.A30)" (Schulz 1999: 242).

Auch die Anzahl der Straßenkinder stieg, besonders in Kabul. Kinder waren auch bei Kriegsverletzungen immer häufiger die Leidtragenden, wenn sie ihre Tiere hüteten oder auch das Metall von Minen verkauften und es dabei zu Minenunfällen kam. Tod, schwere Verletzungen oder Amputationen waren häufig die Folge. Internationalen Hilfsorganisationen wurde es oft schwer gemacht, Aufklärungsarbeiten zu leisten, da es ihnen verwehrt wurde, anhand von Bildern, auf denen der menschliche Körper dargestellt wurde, auf die Gefährdung durch Minen hinzuweisen. Die Taliban hatten schließlich jegliche Darstellung des Menschen im Bild verboten. Erschwerend kam hinzu, dass die meisten Menschen weder lesen noch schreiben konnten (Schulz 1999: 237-243).

6.2.3.1 Die *burqa'*- Verschleierung in Geschichte und Gegenwart

Nach der Machtübernahme der Taliban mussten alle Frauen den Ganzkörperschleier, *burqa'*[104] tragen. Dieser Schleier ist in Afghanistan auch unter dem Namen *khadari*[105] bekannt. Unter dem Begriff *burqa'* wird in Afghanistan ein Schleier verstanden, der den gesamten Körper einschließlich des Gesichtes verhüllt. Nur ein quadratisches Netz im Gesichtsbereich ermöglicht ein eingeschränktes Sehen (Dupree 1998: 151).

Das Tragen des Schleiers geht auf die vorislamische Epoche zurück. Frauen und Mädchen aus der oberen Gesellschaftsschicht, die auf der Arabischen Halbinsel lebten, schmückten sich mit einem Schleier. Die Verhüllung innerhalb der führenden Schichten diente als Abgrenzung zu den Sklavinnen. Diese Kleiderordnung unterschied sich jedoch je nach Region. Darstellungen aus dem Gebiet des heutigen Irans und Iraks des 13. und 15. Jahrhunderts zeigen unverschleierte

---

[104] Laut Wehr wird das arabische Wort *burqa'* mit einem langen „Frauenschleier", bei dem die Augen frei bleiben, übersetzt (Wehr 1976: 47).
[105] Von dem arabischen Wort *khidr* für „Vorhang" oder „Frauengemach" (Wehr 1976: 205).

Frauen, die keine Sklavinnen waren. Durch Koraninterpretationen wurde der Schleier zum Symbol des Islam (Heine 1993: 44-45). Als Beleg für die Interpretation dient häufig Sure 33, Vers 59:

> „59 Prophet! Sag deinen Gattinnen und Töchtern und den Frauen der Gläubigen, sie sollen (wenn sie austreten) sich etwas von ihrem Gewand (über den Kopf) herunterziehen. So ist es am ehesten gewährleistet, daß sie (als ehrbare Frauen) erkannt und daraufhin nicht belästigt werden. Gott aber ist barmherzig und bereit zu vergeben" (Paret 1996: 751).

Die Bedeutung des Schleiers wandelte sich häufig in der Geschichte. Zu Beginn des 20. Jahrhunderts in Afghanistan waren es in erster Linie die Frauen aus den Städten, die die *burqa'* trugen. Als sich diese Frauen Mitte der 50er Jahre vermehrt am 'westlichen' Kleidungsstil orientierten, legten die Frauen in den ländlichen Gebieten die *burqa'* an. Während die Frauen aus den Dörfern vorher etwa aufgrund ihrer Arbeit auf dem Feld eher ihren Kopf mit einem leichten Tuch bedeckten, änderte sich die Kleidung dieser Frauen mit dem Wachstum der Dörfer, die zu kleinen Städten wurden und sie legten vermehrt beispielsweise beim Besuch auf dem *bazar* die *burqa'* um (Dupree 1973:247).[106]

Zwei Jahre nach der Entstehung der Taliban-Bewegung ab September 1996 mussten alle Afghaninnen die *burqa'* anlegen. Aus Sicht der Taliban diente die *burqa'* den Frauen, um sich vor männlichen Blicken zu schützen. Dass die *burqa'* auch als Schutz vor Belästigungen oder vor dem Erkanntwerden hilfreich sei, dem stimmte auch die afghanische Frauenrechtlerin Hanifa Nawed zu. Was kritisiert wurde, war der Zwang zur Verschleierung, die weder in der Religion noch in der afghanischen Tradition festgelegt sei. Die *burqa'* sei erst durch die Taliban zu einem Symbol weiblicher Unterdrückung geworden, die in erster Linie die städtischen Frauen beträfe (Selmeci 1999a: 23). Sie war das einzige Kleidungsstück für Frauen, das die Taliban akzeptierten. Fehlte den Frauen und

---

[106] Als weiteres Beispiel für die Veränderung der Rolle des Schleiers innerhalb der Geschichte sei auf den Iran hingewiesen. Dort wurde 1936 ein Gesetz erlassen, das das Tragen des Schleiers verbot. Dieses Gesetz musste aufgrund des Protestes der Frauen, die sich Traditionen verpflichtet fühlten, fünf Jahre später widerrufen werden (Walther 1980: 179-180).

Familien das Geld für den teuren Stoff, so blieb ihnen nichts anderes übrig, als im Haus zu bleiben (Schridde 1999: 20-21).

Wie sehr das Tragen des Schleiers das alltägliche Leben beeinträchtigte und wie stark einige Frauen auch gesundheitlich unter der Verschleierung litten, zeigt folgendes Beispiel: Eine 28-jährige Frau beschrieb das Gefühl des Tragens der *burqa'* als klaustrophobisch[107]. Sie fühlte sich eingeengt in der *burqa'*, unsichtbar und ihrer Sicht behindert.

"It's hot in here. Shrouded in this body bag, I feel claustrophobic. It's smelly too. The cloth in front of my mouth is damp from my breathing....I feel like I'm suffocating. It also feels like I'm invisible. No one can see me. No one knows whether I'm smiling or crying. My view isn't much better. The mesh opening in front of my eyes isn't enough to see where I'm going....I can only see straight in front of me. Not above or below or on either side of the path I take" (Schulz 1999: 243).

Auch eine Ausländerin, die sich in Kandahar aufhielt, beschrieb die alltäglichen Probleme beim Tragen einer *burqa'* Es sei sehr schwierig, Gegenstände und Menschen klar zu erkennen. Auch das Navigieren durch den Straßenverkehr sei mit vielen Hindernissen verbunden.

"The first thing that strikes you is that the world suddenly looks like pea soup. Faces are indistinct, and distances are hard to calculate. Stepping off a broken curb into a rubble-strewn street...takes great skill. Navigating through chaotic traffic, with motor scooters, careening past donkey cars on all sides, is a nightmare" (Schulz 1999: 243).

Neben diesen alltäglichen Hindernissen, welche die *burqa'* mit sich brachte, kam noch ein physiologischer Aspekt hinzu. Viele Afghaninnen litten an einer Knochenerweichung, die durch Vitamin D-Mangel und das Fehlen von Sonnenlicht hervorgerufen wird, da ihnen jegliche Art von Tageslicht verwehrt wurde, zum einen durch das Tragen der *burqa'* und zum anderen durch das Streichen der Fenster mit schwarzer Farbe, um die Frauen vor fremden Blicken zu schützen (Schulz 1999: 242-247).

---

[107] Hierbei handelt es sich um eine übersteigerte Angst davor, sich in geschlossenen Räumen aufzuhalten (Anm. d. Verf.).

6.2.3.2 Physische Erkrankungen

Im Januar 1997 wurden Frauen und Männer auf Anlass der Taliban in getrennten Krankenhäusern untergebracht, was dazu führte, dass es in Kabul drei Monate lang nur eine Klinik gab, in der etwa eine halbe Million Frauen versorgt werden mussten. Im Juni 1998 wurde es den Frauen verboten, sich von einem männlichen Arzt behandeln zu lassen, außer wenn sie sich in Begleitung eines *mahram* befanden. Diese Richtlinien, die jedoch nicht überall in Afghanistan galten, machten besonders die medizinische Versorgung der Witwen problematisch. Häufig konnte eine Behandlung aufgrund der Auflagen nicht durchgeführt werden. So musste beispielsweise ein männlicher Arzt mit ansehen, wie eine Frau, deren Haut zu 80% verbrannt war, starb, da er die Patientin nicht behandeln durfte (Schulz 1999: 245-246).

> "[...] Taliban officials prevented the doctor from undressing her. Informed that she would die without treatment, the Taliban official replied, 'Many Taliban die on the battlefield.' Untreated, she died [...]" (Schulz 1999: 245).

Besonders die Ausstattung der Frauenklinik beziehungsweise des Entbindungsheimes "Maiwand" in Kabul war unzureichend. Das Krankenhaus verfügte weder über fließendes Wasser noch über ausreichend Elektrizität oder Sauerstoffanschlüsse. Die Krankenzimmer waren mit bis zu acht Betten ausgestattet, zwei Frauen teilten sich häufig ein Bett. Viele Frauen verließen die Klinik wieder, ohne eine medizinische Behandlung erhalten zu haben. Die Gründe dafür waren vielfältig. Zum einen lag es daran, dass den Frauen die medizinische Behandlung verweigert wurde oder nicht ausreichend Ärztinnen vorhanden waren. Als weitere Gründe wurden angeführt, dass die Frauen keine *burqa'* trugen oder dass keine männliche Begleitperson anwesend war. Über 60% der Frauen konnten sich die Behandlung finanziell nicht leisten. Der Eingang der Klinik wurde durch Taliban-Kämpfer bewacht. Sie kontrollierten auch das weibliche medizinische Personal. Diejenigen, die nicht die Kleidervorschriften befolgten, wurden von den Taliban geschlagen (Schulz 1999: 245-247). Hinzu kam, dass Frauen häufig willkürlich durch die Taliban daran gehindert wurden, die Krankenhäuser aufzusuchen.

Durch die schlechte hygienische Situation und eine starke Unterernährung kam es sowohl bei Kindern als auch bei Erwachsenen zu Erkrankungen wie Diphtherie, Masern, Tetanus, Kinderlähmung, Tuberkulose, Haut-, Augen- und Atemwegserkrankungen.[108]

Ende 1999 lockerten die Taliban ihre Richtlinien und alle Krankenhäuser bis auf das Militärkrankenhaus wurden für die Frauen wieder zugänglich. Ab diesem Zeitpunkt durften auch vermehrt Frauen im medizinischen Bereich arbeiten. Wie bereits erwähnt, bestand beziehungsweise besteht auch heute noch für die Menschen eine gesundheitliche Gefahr durch die große Zahl von Landminen, die zum Teil noch aus der Zeit der sowjetischen Besatzung stammen. Afghanistan ist das Land mit der größten Anzahl verlegter Minen weltweit. Die Anzahl der Landminen wurde von PHR (Physicians for Human Rights) mit rund 10 Millionen angegeben. Seit 1992 sind mehr als 20.000 Menschen durch Minen getötet worden und mehr als 400.000 Afghanen wurden verletzt. Der Prozentsatz der Verletzten hinsichtlich der Geschlechter wurde in zwei Studien unterschiedlich angegeben. Während die eine Studie den Anteil der Frauen mit 40 bis 50% angab, berichtete eine neuere Studie von nur 6% weiblicher Opfer.[109]

PHR leistete nicht nur medizinische Hilfe, sondern führte auch Studien über die Lage des Gesundheitssystems durch. So untersuchte die PHR[110] im Jahr 2000 insgesamt 724 Haushalte mit 417 Frauen und 249 Männern, die in Afghanistan lebten, 201 Frauen und 102 Männern die nach Pakistan zogen sowie 106 Frauen und 90 Männer, die von Pakistan nach Afghanistan zurückkehrten. Eine weitere Einteilung erfolgte in Regionen, die von Taliban kontrolliert wurden und Regionen, die unter dem Kommando der Nordallianz standen. In Bezug auf die humanitäre Hilfe, die in erster Linie Nahrung, medizinische Versorgung und Bildung

---

[108] Shorish-Shamley: http://www.wapha.org/health.html.
[109] PHR: http://www.phrusa.org/campaigns/pdf/afghan_pdf_files/02_bkgrud.pdf.
[110] Siehe Tabelle 1 im Anhang (Anm. d. Verf.).

umfasste, erhielten nur 8% der Frauen in von den Taliban kontrollierten Regionen diese Hilfe. In den Gegenden, die nicht von den Taliban kontrolliert wurden, waren es 59%, die humanitäre Hilfe erhielten. In der Einschätzung physischer Hilfe gaben 87% der Frauen in den von den Taliban kontrollierten Gegenden die Situation als schlecht an, während in den Regionen, die nicht von den Taliban kontrolliert wurden, 63% der Frauen die Situation als schlecht bezeichneten. 60% der Frauen unter den Taliban gaben an, dass sie unter den Einschränkungen medizinischer Hilfe zu leiden hätten. Hingegen sprachen nur 22% der Frauen, die in den Gegenden lebten, die nicht von den Taliban kontrolliert wurden, von Restriktionen. Als Gründe für die Einschränkungen wurden unter anderem angegeben: Mangel an finanziellen Mitteln, das Fehlen eines männlichen Begleiters, die Nichteinhaltung der Kleidervorschriften oder das Fehlen weiblicher Mediziner.[111]

6.2.3.3 Psychische Erkrankungen

Der lang anhaltende Krieg in Afghanistan, der Terror durch die Taliban und das Arbeitsverbot verursachten neben den körperlichen auch psychische Erkrankungen. Der Verlust des Berufes ging bei vielen Afghaninnen einher mit dem Verlust der eigenen Wertschätzung; Hoffnungslosigkeit verbreitete sich unter den Frauen. Auch der Suizid, der in der afghanischen Gesellschaft vorher äußerst selten war, trat mit der Machtübernahme durch die Taliban immer häufiger auf. Um sich das Leben zu nehmen, griffen die Frauen oft zu Batteriesäure oder Haushaltsreiniger, da diese einfach zu beschaffen waren. Andere Motive für die psychischen Probleme waren das kaum funktionierende Gesundheitssystem, die Arbeitslosigkeit, der Mangel an Schulen und die fehlenden Perspektiven für die Kinder. Als weitere Belastung kam hinzu, dass bei etwa 84% der Frauen ein oder mehrere Familienmitglieder im Krieg getötet wurden. Rund 39% der Frauen berichteten, dass ein Familienmitglied durch Landminen getötet oder verwundet worden sei. Ferner machten 86% der Frauen Erfahrungen mit physischem Miss-

---

[111] PHR: http://www.phrusa.org/campaigns/pdf/afghan_pdf_files/03_womens_health.pdf.

brauch durch die Taliban. Starke Traumatisierungen entstanden ebenfalls durch öffentliche Folterungen und Hinrichtungen im Sportstadium Kabuls (Schulz 1999: 237-253).

Die Hilfe hinsichtlich psychischer Erkrankungen wurde von den Frauen als sehr schlecht eingestuft. Als schlecht bezeichneten 85% der Frauen unter den Taliban die Situation, während es in den Regionen, die nicht von Taliban kontrolliert wurden, 54% waren. Rund 65% der Frauen im Einflussgebiet der Taliban dachten zum Zeitpunkt der Befragung an einen Suizid, während es nur 18% derer waren, die nicht unter der Taliban-Herrschaft lebten. In den zwei Jahren vor der Untersuchung lag der Prozentsatz der Frauen mit Suizidgedanken noch bei 33% in den Gebieten der Taliban und bei 20% in den nicht von den Taliban kontrollierten Regionen. Daraus lässt sich eine deutliche Verschlechterung der Situation für die Frauen ableiten, die unmittelbar der Taliban-Herrschaft ausgesetzt waren. 16% der Frauen unter den Taliban gaben an, bereits einen Suizid versucht zu haben, 22% von den Befragten dachten an einen Suizid aufgrund der Situation unter den Taliban. Von den Frauen, die nicht im Gebiet der Taliban lebten, hatten 9% einen Suizidversuch hinter sich, 2% der Frauen in diesen Gebieten gaben Gedanken an einen Suizid in Verbindung mit den Taliban an.[112] Als Resultat war zu erkennen, dass sowohl die Zahl der Suizidversuche als auch die Tendenz zu diesen in den Gebieten der Taliban deutlich höher waren als in den Gebieten, die nicht von den Taliban kontrolliert wurden.[113]

6.2.4 Frauen aus der Sicht der Taliban

Die Taliban warfen der vorherigen Regierung vor, dass diese die berufstätigen Frauen beschäftigt habe, ohne dass die Frauen wirklich benötigt wurden, diese also quasi eine Alibifunktion gehabt hätten. Laut Taliban dienten sie häufig zur sexuellen Unterhaltung innerhalb der einzelnen Arbeitsbereiche. Nach Angaben der Taliban waren die Frauen in den wichtigen Bereichen auch unter ihrer Re-

---

[112] Siehe Tabelle 2 im Anhang (Anm. d. Verf.).
[113] PHR: http://www.phrusa.org/campaigns/pdf/afghan_pdf_files/03_womens_health.

gierung berufstätig. Zu den wichtigen Bereichen zählte für die Taliban der Bildungssektor oder auch das Gesundheitssystem. Soweit es die wirtschaftliche Situation des Landes zuließe, sollten den Frauen weitere Berufsfelder geöffnet werden.

"But women whose work is really needed, are still working in the health, education and security sectors. As conditions in the country improve, so will, doubtlessly, job opportunities for women".[114]

Auch in Bezug auf die Situation innerhalb des Bildungssystems verwiesen die Taliban auf die schwierige Situation des Landes. Durch die Zerstörung der ökonomischen Strukturen seien gleichzeitig die entsprechenden Bildungsinstitutionen zerstört worden. Als zweiten Grund für die schlechte Bildungssituation führten sie das ehemals kommunistische Bildungssystem unter der sowjetischen Besatzung an. Wichtig für sie sei es, eine neue Richtlinie zu finden, die den sozialen Bedingungen der Bevölkerung des Landes entspräche. Des Weiteren beklagten sie die Abwanderung der Intellektuellen in das Ausland.[115] Diese Aussagen stehen jedoch im Widerspruch zu den Aussagen von Ernst Albrecht von Renesse, der darauf verwies, dass die wenigen, die nach Afghanistan zurückkehren wollten, von den Taliban abgewiesen wurden.

„Die wenigen Rückkehrwilligen aus der Funktionselite wurden von den Taliban als Vermittler nach außen und als Moderatoren innerhalb der Talibanbewegung zurückgewiesen" (Renesse von 1999: 73).

Auf den Vorwurf, dass schon viele Schulen, insbesondere die für die Mädchen, geschlossen wurden, verwiesen die Machthaber des Islamischen Emirates Afghanistans auf eine Zunahme der Zahl der Mädchenschulen. Sie wiesen auch auf das „Schwedische Afghanistan Komitee" (SCA) hin, das seit 1984 eine Anzahl von 422 Jungenschulen, 125 Mädchenschulen und 897 gemischten Schulen unterhalte. Zudem berichteten sie von weiblichen Lehrkräften, die in den Schulen unterrichteten. Auch die Aussagen hinsichtlich des Gesundheitssystems erwie-

---

[114] Taleban: http://www.taleban.com/taleb.htm.
[115] Taleban: http://www.taleban.com/taleb.htm.

sen sich als wenig zuverlässig. Laut Taliban hätten sich die gesundheitliche und die medizinische Versorgung für die Frauen erheblich verbessert. Die Anzahl der Betten in den Krankenhäusern wäre gestiegen und auch Mutter-Kind-Kliniken wären vermehrt eingerichtet worden. Ferner verwiesen sie darauf, dass Frauen in diesen Krankenhäusern als Ärztinnen oder Krankenschwestern arbeiteten.

"Health facilities for women have increased 200% during Taleban administration. [...]. Currently, there are more than 950 beds for women in exclusive women's hospitals. [...]. In all these hospitals and clinics, women work as doctors and nurses to provide health services to female patients".[116]

Auch die zitierte Homepage der Taliban zeigte die Widersprüchlichkeit der eigenen Aussagen. Auf einer Seite schrieben sie, dass es den Frauen erlaubt sei zu arbeiten, an anderer Stelle wurde gefordert, dass die Frauen zu Hause bleiben sollten, um nicht als Lustobjekt in den Büros zu dienen. Um Frauen vor solchen Gefahren zu bewahren, hätten sich die Führer des Islamischen Emirates offiziell entschieden, Frauen, die zu Hause blieben und sich um ihre Familie kümmerten, ein Gehalt zu zahlen. Dies widersprach jedoch den Aussagen der Frauen, die gezwungen waren zu betteln, um ihre Familie zu versorgen, da es ihnen verboten wurde, zu arbeiten. Laut Internetseite der Taliban war das Regime daran interessiert, den Frauen Bildung und den Zugang zu verschiedenen Berufen zu ermöglichen. Sie schränkten diese Aussage jedoch insoweit ein, als das dies erst möglich sei, sobald der finanzielle Rahmen geschaffen worden wäre und die Sicherheit für die Frauen garantiert werden könne.[117] Bei all den Menschenrechtsverletzungen, die besonders die Frauen betrafen, verwiesen die Taliban auf die Sichtweise des Westens. Sie warfen den westlichen Medien vor, dass sie ihre eigenen Ideologien auf Afghanistan projizierten. Ferner hielten sie den Mediendarstellungen entgegen, dass Interviews und Berichte nicht objektiv wären, son-

---

[116] Taleban: http://www.taleban.com/taleb.htm.
[117] Taleban: http://www.taleban.com/taleb.htm.

dern dass Interviews in erster Linie mit Frauen geführt würden, die aus einem kommunistischen und nicht aus einem islamischen Umfeld kämen. Kritik übten sie auch an den westlichen Frauen, die ihre Körper für die Männer verfügbar machten und nur auf ihr Äußeres bedacht seien. Von diesen Vorwürfen ausgehend schlossen sie vereinfachend auf Erkrankungen wie etwa die Anorexia nervosa[118].

> "[...] that all women should make all parts of their bodies available to men to view and use; that in order to be good you must look good (thus creatin an inferioriety complex and problems such as Anorexia eating disorders in young women who cannot accept that they do not look like beautiful models) and the use of naked and half-naked women to sell everything from cars to toilet paper".[119]

Mit der Kleiderordnung der Frauen gaben die Taliban vor, die Frauen zu schützen. Die Taliban beriefen sich bei der Kleiderordnung auf den Islam und die Traditionen Afghanistans. Im Widerspruch dazu steht jedoch, dass es sich bei Afghanistan um einen Vielvölkerstaat handelt und dass die verschiedenen Ethnien traditionell unterschiedliche Kleidung tragen. Auch der Unterschied zwischen der Stadt- und Landbevölkerung wurde hierbei nicht berücksichtigt.

6.3 Die Situation nach dem 11. September 2001

Die Anschläge von New York, Washington und Pennsylvania führten weltweit zu politischen Veränderungen, auch in Afghanistan. Kurz nach dem Terrorakt wurde die terroristische Organisation "al-Qaida" um Usama Bin Laden als Organisator der Anschläge ausgemacht. Bin Laden, der in Afghanistan Unterschlupf fand und von den Taliban Gastrecht erhielt, wurde von den USA als Haupttäter beschuldigt. Durch ihn sollten die Angriffe organisiert und das Netz der "al-Qaida" finanziert und unterstützt worden sein.

Als Reaktion auf die Weigerung der Taliban, Usama Bin Laden auszuliefern, begannen die Amerikaner am 07. Oktober 2001 mit der Bombardierung Afgha-

---

[118] Fachterminus für Magersucht (Anm. d. Verf.).
[119] Azzam Publications-for Jihad and Mujahideen: http://www.azzam.com/html/talibanwomen.htm.

nistans. Bei den Angriffen wurde eine nicht bekannte Zahl Zivilisten getötet, ein Wasserkraftwerk zerstört und die Stromversorgung weiter Teile des Landes wiederholt unterbrochen. Trotz vorheriger diplomatischer Bemühungen der USA, die Staatsoberhäupter möglichst vieler muslimischer Länder in ihre 'Anti-Terror-Allianz' einzubinden, empfanden viele Muslime den Angriff auf Afghanistan als einen Angriff auf ihre Religion, den Islam (Grossbongardt 2001: 158-168).

Sima Samar, eine afghanische Ärztin und Menschenrechtlerin, wies am 23. Oktober 2001 die Abgeordneten des europäischen Parlaments in Straßburg darauf hin, dass es wichtig sei, die Frauen am Aufbau Afghanistans teilhaben zu lassen und warnte vor einer zu starken Beteiligung ehemaliger Mujahedin an einer neuen Regierung. Bei früheren Besuchen von Sima Samar in Europa trat sie unter einem Pseudonym auf und versteckte sich unter der *burqa'*. Der Auftritt ohne Ganzkörperschleier verstärkte für sie die Hoffnung auf einen Wandel der afghanischen Gesellschaft.[120] Um Afghanistan wieder aufzubauen und ein friedliches Land zu schaffen, sei die Hilfe aller Afghanen notwendig, da nur so ein demokratischer Prozess gefördert werden könne. So sah es auch Reinhold Messner, der als Abgeordneter für die Grünen im europäischen Parlament sitzt. Er hielt, als eine Möglichkeit eine Art Marshallplan für sinnvoll, durch den nicht nur finanzielle Hilfe, sondern auch politischdemokratisches Wissen vermittelt werden solle. Auch hinsichtlich zukünftiger Wahlen müssten verschiedene Überlegungen angestellt werden, da die Mehrheit der Bevölkerung weder lesen noch schreiben könne.[121]

Nach dem Fall Kandahars Anfang Dezember kam es unter den 'Siegern' zu Rivalitäten um die Machtverteilung. Die verfeindeten Parteien einigten sich auf dem Petersberg bei Bonn auf eine Interimsregierung. Hamid Karzai wurde zum Vorsitzenden der Übergangsregierung bestimmt. Karzai gehört den Paschtunen an, sein Großvater war Nationalratspräsident unter König Zahir Schah, sein Va-

---

[120] Selmeci: http://www.ines.org/apm-gfbv/3dossier/asia/afghan/afghan-samar.html.
[121] APA: http://derstandard.at/standard.asp?channel=POLITIK&ressort=TERRORISMUS&id=761...

90

ter war unter dessen Regierung Senator. Für sechs Monate soll Karzai den Vorsitz der Interimsregierung ausüben, die am 22. Dezember 2001 in Kabul die Arbeit aufgenommen hat. Nach dieser Übergangsfrist soll dann durch eine *loya jirga* über die weitere Zukunft des Landes entschieden werden (Ilsemann von 2001: 160-165).[122]

6.3.1 Auswirkungen des gesellschaftlichen Umbruchs auf die Stellung der Frau?

Mitte November wurden die Soldaten der Nordallianz von den Bürgern Kabuls wie lang erwartete 'Befreier' begrüßt. Erstmals seit dem Ende der Taliban wurde Musik wieder öffentlich gespielt; Frauen gingen wieder auf die Märkte, um Kosmetikartikel und Kleidung zu kaufen. Doch neben der allgemeinen Freude innerhalb der Bevölkerung über das Ende der Taliban-Herrschaft hatten viele Menschen den Tod von Verwandten zu beklagen. Auch die ohnehin kaum vorhandene Infrastruktur wurde durch die Bombardierung weiter zerstört. Nachdem die Nordallianz in Kabul einmarschiert war, begann sie, einzelne Ministerien und Bereiche der Verwaltung mit ihren eigenen Anhängern zu besetzen und wehrte sich Anfang November noch gegen einen Einsatz internationaler Schutztruppen (Falksohn 2001: 136-145). Mitte November begannen auch die Frauen wieder damit, in einzelnen Bereichen zu arbeiten.

> „Auch eine Frau verliest Nachrichten - nach fünf Jahren Taliban-Herrschaft eine kleine Sensation. Das rigorose Arbeitsverbot für Frauen scheint aufgehoben" (Klußmann 2001a: 150).

Die Männer ließen sich ihre Bärte stutzen und Kinder spielten mit Papierdrachen. Einige Jugendliche kauften Musikkassetten afghanischer Sängerinnen und Sänger. Unter den Taliban war es den Händlern nur erlaubt, Kassetten mit religiösen Liedern beziehungsweise Texten zu verkaufen. Das Ghazi-Stadion wurde erstmals wieder für seine eigentliche Bestimmung genutzt. Am 16. November 2001 gingen etwa 10.000 Menschen aus Kabul in das Stadion, um sich erstmals

---

[122] Zur Entwicklung bis Januar 2003 siehe Nachwort (Anm. d. Verf.).

wieder ein Fußballspiel anzuschauen statt der öffentlichen Hinrichtungen, die häufig an Freitagen stattgefunden hatten (Klußmann 2001a: 147-155).

Die Frauenrechtlerin Soraya organisierte nur wenige Tage nach dem Niedergang des Taliban-Regimes eine Demonstration in Kabul mit rund 1000 unverschleierten Frauen. Soraya leitete mehrere Jahre den „Demokratischen Frauenverein Afghanistan", versteckte sich während der Taliban-Herrschaft unter ihrer *burqa'* und nahm eine andere Identität an. Im Untergrund organisierte sie mit anderen Frauen Unterricht in verschiedenen Privatwohnungen (Klußmann 2001b: 174-182). Die neuen 'Freiheiten' wie Fernsehen, Radio und das Bewegen in der Öffentlichkeit ohne *burqa'* stießen nicht überall auf Anerkennung. So verkündete etwa der vorläufige Verlagschef der Presseabteilung[123], Aziz Khams, dass die Presse vorerst vom Staat organisiert würde. Auch der ehemalige Präsident Burhanuddin Rabbani beschwor die Frauen, die *burqa'* nicht abzulegen oder die Haare zumindest mit einem Schal zu bedecken (Klußmann 2001b: 174-182). Dass der Weg zur 'Gleichberechtigung' für die Frauen noch weit ist, wird in dem Artikel von Roland Hofwiler aufgezeigt. In Kabul gibt es seit Ende November zwei Kinos, einige Stunden Radio und ein kurzes Fernsehprogramm am Tag. Doch der Eintritt in das Kino bleibt den afghanischen Frauen noch immer verwehrt. Während die Männer arabische Filmromanzen und indische Filme sehen, müssen die Frauen zu Hause bleiben. Auch der Eintritt in bestimmte Berufsfelder vollzieht sich langsam, und Frauen in Medienberufen sind eher die Ausnahme. Im November wurde erstmals nach sechs Jahren "TV Afghanistan" ausgestrahlt und die sechzehnjährige Mariam Shakebar begrüßte die Zuschauer, statt einer *burqa'* trug sie ein Kopftuch. Nachdem sie einige Koranverse vorgetragen hatte, waren die Männer wieder unter sich. Ebenso bleibt die politische Berichterstattung weiter den Männern vorbehalten, während drei Frauen im Radio „Gute Nacht-Geschichten" für kleine Kinder vortragen.[124] Trotz vieler Vorbehalte

---

[123] Um welchen Verlag oder welche Presseabteilung es sich handelt, ist aus der Literatur nicht zu ersehen (Anm. d. Verf.).
[124] Hofwiler: http://www.taz.de/pt/2001/11/22/a0140.nf/textdruck.

hat sich die Situation für die Frauen deutlich verbessert. Die strikte Trennung der Lebensbereiche wurde zum Teil gelockert. Viele ehemalige Lehrerinnen hoffen auf Wiedereinstellung in den Schuldienst, der mit internationaler Hilfe wieder aufgebaut wird (Neef 2001: 134-136).

Fatima Gailani fungierte als Beraterin der Afghanistankonferenz, die vom 27.11 bis 05.12.2001 in Königswinter tagte und auf der über den zukünftigen Wiederaufbau beraten wurde. Als eine von fünf Frauen nahm sie an der Beratung auf dem Petersberg mit teil. Die vier Fraktionen, die dort verhandelten, hatten jeweils eine weibliche Delegierte mitgebracht. Doch Fatima Gailani forderte mehr als nur die Beteiligung einiger Frauen in der Politik. Sie wollte, dass Frauen die Freiheit erlangen, selbst über ihr Leben zu bestimmen. Die Paschtunin Fatima Gailani wurde in Kabul geboren und wuchs dort als Tochter eines ehemaligen Mujahedin-Kommandanten und Sufiführers auf, einem Verwandten des ehemaligen Königs Zahir Schah. Fatima Gailani ist gläubige Muslimin und möchte, dass Frauen die Rechte bekommen, die ihnen nach dem islamischen Recht zustehen; sie strebt keine Emanzipation nach westlichem Vorbild an. Das größte Problem, sagt sie, sei das Unwissen der Frauen, die sich nicht mit islamischem Recht auskennen. Dies war auch ein Grund dafür, dass sie in London islamisches Recht studierte. Ihr Ziel sei es, die dabei erworbenen Kenntnisse an die Frauen Afghanistans weiterzugeben.[125]

---

[125] Mühlmann: http://www.welt.de/daten/2001/11/29/1129fo298764.htx?print=1.

7 Die Situation der Frauen von 1920-1933

In den nun folgenden Kapiteln 7 bis 10 sollen die politischen Phasen von 1920, der Regierungszeit von König Amanullah Khan bis 1994, dem Ende des Bürgerkrieges unter den Mujahedin, chronologisch aufgezeigt werden.[126]

In diesem Kapitel wird die Regierungszeit von König Amanullah Khan dargestellt, der sich in den 20er Jahren mit seiner Reform im ökonomischen und sozialen Bereich auch für mehr Rechte der Frauen einsetzte. In dieser Zeit wurde die erste Mädchenschule eröffnet und der Versuch unternommen, Eheschließungen im Sinne des Staates zu reformieren. Die Literatur zu dieser politischen Phase stammt zum einen von Jan-Heeren Grevemeyer, der in seinem Buch *„Afghanistan. Sozialer Wandel und Staat im 20. Jahrhundert"* aus dem Jahr 1990 den historischen Prozess des Landes von der Reichsbildung 1709 bis zu der kommunistischen Herrschaft 1980 beschreibt. Dieses Buch diente Grevemeyer, der sich seit 1977 mit der Geschichte und Gesellschaft Afghanistans auseinander setzt, als ein Beitrag zu seiner Habilitation. Auch Renate Kreile, die sich besonders mit der Geschlechterpolitik des Nahen und Mittleren Ostens beschäftigt, greift in ihrem Artikel *„Zan, zar, zamin - Frauen, Gold und Land. Geschlechterpolitik und Staatsbildung in Afghanistan"* von 1997 die Reformerlasse auf und beschreibt die Reaktionen der Bevölkerung auf die Reform von Amanullah. Die Auswirkungen der Reform auf die Situation der Frauen erläutert Fahima Rahimi, eine afghanische Journalistin, in dem Buch *"Women in Afghanistan. Frauen in Afghanistan"*, dessen unveröffentlichte Erstauflage aus dem Jahr 1977 stammt. Für die Magisterarbeit greife ich auf die Fassung von 1986 zurück. Die Literatur für das Kapitel über König Nadir Schah, der Teile der Reform Amanullahs wieder zurücknahm und mit der geistlichen Elite kooperierte, stammt unter anderem aus *"Afghan Immigrants in the USA and Germany"* von Maliha Zulfacar. Des Weiteren greife ich auf den Text von Latif Tabibi *„Staatliches*

---

[126] Links zu Bildern bedeutender Persönlichkeiten der afghanischen Geschichte befinden sich im Anhang (Anm. d. Verf.).

und traditionelles Recht in Afghanistan: Probleme und Materialien" aus dem Jahr 1980 zurück.

7.1 König Amanullah Khan[127] (1919-1929)

König Amanullah Khan, der von 1919 bis 1929 in Afghanistan regierte, versuchte durch seine progressive Reform im sozialen und wirtschaftlichen Bereich die soziale Struktur des Landes zu verändern (Zulfacar 1998: 12). Junge Intellektuelle, wie etwa Mahmud Tarzi, traten nach westlichem Vorbild für einen starken Staat ein, der auf allen gesellschaftlichen Ebenen involviert sein sollte. Amanullah Khan galt als Anhänger dieser Bewegung. Kurz nach dem Friedensvertrag von Rawalpindi 1919, in dem die Briten die staatliche Souveränität Afghanistans anerkannten, begann König Amanullah mit einer Reform, die sowohl die Kodifizierung des Rechts, den Erlass einer Verfassung, das Bildungssystem, die Verwaltung als auch die technische Modernisierung mit einschloss (Grevemeyer 1988: 44).[128] In der Zeitschrift ”Saraj al akhbar“, für die Tarzi sieben Jahre verantwortlich war, ging er häufig auf die Belange der Frauen ein. Aufgrund der Kritik vonseiten der geistlichen Elite konnte Tarzi seine Vorstellungen von der Rolle der Frau nur andeuten. In Geschichten über Frauen aus der nichtislamischen Welt idealisierte er die Familie, bestehend aus einem Mann und einer Frau, und sprach sich somit indirekt gegen die Polygamie aus (Grevemeyer 1990: 253-255).

Tarzi und seine Anhänger traten dafür ein, die absolute in eine konstitutionelle Monarchie umzuwandeln. Ferner strebte die Bewegung die Unabhängigkeit von England an und setzte sich für die Modernisierung Afghanistans ein. Unter A-

---

[127] Arabisch *khân* „Wirtshaus", „Laden", „Fürst" (Wahrmund 1970 a: 568-569). Gleichzeitig ist es ein turkomongolischer Herrschertitel, der auch von Herrschern in Afghanistan geführt wurde. Innerhalb der Paschtunen beschreibt der Begriff eine Autorität, die als Sprecher des jeweiligen paschtunischen 'Stammes' fungiert (Sigrist 1987: 135).

[128] Die Magisterarbeit beginnt mit dem Jahr 1920, obgleich die Regierungsphase von König Amanullah bereits 1919 begann. Der Grund liegt in dem In-Kraft-Treten des ersten Reformerlasses (Anm. d. Verf.). Grevemeyer schreibt dazu: „1920 wurde das erste Gesetz über die Bodensteuer erlassen, dem - wahrscheinlich 1922/23 ein weiteres Gesetz folgte, das sich speziell mit der Bodensteuer in der Umgebung Kabuls befaßte" (Grevemeyer 1990: 85).

manullah Khan wurde Mahmud Tarzi Außenminister. Die Verbindung setzte sich auch im privaten Bereich fort; Amanullah Khan heiratete Soraya, die Tochter von Tarzi (Knabe 1977: 144-145).

Die Reform Amanullahs scheiterte jedoch, da es keine ausreichend große aufgeklärte Schicht gab, die sich demokratisch beteiligen konnte; die traditionelle Oberschicht, die geistliche Elite und die dörflichen Vermittler sahen ihre Privilegien bedroht (Grevemeyer 1988: 44). Als Mittelsmänner[129] zwischen der Bevölkerung und dem Staat dienten traditionelle Führungspersönlichkeiten, die an einer forcierten Modernisierung nicht interessiert waren (Zulfacar 1998: 12-13). Weitere Gründe für das Scheitern der Reform waren die Schwächung des Staates bedingt durch die soziale Wirklichkeit und die wachsende militärische sowie finanzielle Macht der lokalen Führer. Ferner ließ die Diskrepanz zwischen der Stadt Kabul als 'Staat' im Staat und den restlichen 90% der Bevölkerung sowie die fehlende Loyalität der Staatsdiener und Bürger die Macht der traditionellen Führer weiter wachsen. Im Jahr 1928 kam es zu einem Aufstand, geführt von Habibullah Kalakani, der auch unter dem Namen Bacha-i-Saqaw[130] bekannt wurde. Er ging gegen die für ihn anti-islamische Reform von Amanullah an und eroberte Kabul (Zulfacar 1998: 12-13). Habibullah Kalakani warf Amanullah vor, die religiösen Gesetze missachtet zu haben und nahm die Steuerreform von Amanullah zurück (Grevemeyer 1990: 202). In seiner Regierungszeit[131] ließ er die Schulen schließen und schaffte das Justizministerium und die Rechtsprechung ab. Kennzeichnend für diese Phase war die Herrschaft von Willkür und nicht die des islamischen Rechts (Grevemeyer 1990: 180). Die Regierungszeit

---

[129] Dabei handelte es sich um Landarbeiter, Pächter, Handwerker, Angestellte des Staates oder Geistliche, die für die Steuereintreibung und, nach der Einführung der Wehrpflicht 1940, für die Rekrutierung zuständig waren. Ferner dienten sie als Vermittler zwischen staatlichen und dörflichen Interessen, als geistliche Autorität oder Dorfvorsteher. Da sie in der Regel Land besaßen, ließen sie dieses von Subsistenzbauern bewirtschaften, was zu einem Patron-Klient-Verhältnis führte (Grevemeyer 1990: 59-60). Zum Patron-Klient-Verhältnis siehe auch Kapitel 9.2 (Anm. d. Verf.).

[130] Dieser Name bedeutet „Sohn eines Wasserträgers" (Zulfacar 1998: 13).

[131] Seine Regierungszeit betrug neun Monate (Grevemeyer 1990: 64).

von Habibullah endete im November 1929 aufgrund von Korruption und Miss-
management (Zulfacar 1998: 13).

7.1.1 Die Reformerlasse unter König Amanullah Khan

Ausgangspunkt für die Herrschaft von Amanullah war die Staatsgründung durch
Amir Abdur Rahman[132], der durch seine Zentralisierungspolitik die Macht des
Staates vergrößerte. Während 90% der Bevölkerung in den Dörfern lebten, wurde der Staat ausschließlich von Kabul aus repräsentiert. Die realen, überwiegend
ländlichen sozialen Strukturen wurden dabei nicht berücksichtigt (Kreile 1997:
398).

König Amanullah Khan orientierte sich bei seiner politischen Ausrichtung unter
anderem an Mustafa Kemal Atatürk. Er wollte den Frauen unter der Berufung
auf das islamische Recht mehr Selbstbestimmungsrecht geben, den Zugang zu
Bildungsinstitutionen ermöglichen und *purdah* abschaffen. Durch die Kodifizierung des Rechtssystems versuchte Amanullah die Macht des Staates auszudehnen. Grundlage dieses Rechtssystems bildete die hanafitische Rechtsschule;
Amanullah versuchte jedoch auch das *pashtûnwâlî* und andere Elemente des
Gewohnheitsrechtes und der Traditionen zu integrieren. Seine Gesetzesänderungen bezog König Amanullah Khan auf das gesamte Volk. In Artikel 9 gestand er
allen Afghanen, ohne Frauen und Männer explizit zu erwähnen, das Recht auf
individuelle Freiheit zu. Das Recht auf Bildung für alle Afghanen wurde in Artikel 68 zugesichert (Grevemeyer 1990: 257).

> „Artikel 9 der Verfassung erklärte, *alle* Untertanen Afghanistans soll-
> ten die volle persönliche Freiheit genießen und niemand dürfe die
> Freiheit eines anderen einschränken; Artikel 68 dekretierte das Recht
> *aller* Afghanen zur Ausbildung" (Grevemeyer 1990: 257).

Im Hinblick auf die Gesetzesänderungen bezüglich der Eheschließung lässt sich
jedoch feststellen, dass in vielen Artikeln, beispielsweise bei der Schulbildung
und der Beteiligung am öffentlichen Leben, Frauen explizit genannt wurden

---

[132] Unter Amir Abdur Rahman (1880-1901) kam es nach dem zweiten Krieg zwischen Britisch-Indien
und Afghanistan (1878-1880) zur Bildung eines Zentralstaates (Grevemeyer 1990: 11, 40-41).

(Grevemeyer 1990: 257). Die erste Gesetzesänderung von 1920 betraf die Agrarreform, bei der unter anderem die Naturalsteuer in eine Geldsteuer umgewandelt wurde, die Staatskasse sollte durch eine Vieh- und Bodensteuer gefüllt werden. Ferner kam es zu einer Bürokratisierung durch ländliche Mitarbeiter, die Mittelsmänner, was jedoch zu einer Verstärkung des Abhängigkeitsverhältnisses führte (Grevemeyer 1990: 85-91). Die Grundlage für diese Gesetzesänderungen und Reformerlasse bildete der Aufbau eines Rechtssystems; Amanullah Khan kodifizierte das Recht und gestaltete den Justizapparat neu, indem er unabhängige Gerichte schuf, für öffentliche Verhandlungen eintrat und festlegte, dass jeder Anrecht auf Rechtsbeistand habe. Gegen die Geistlichkeit konnte er sich mit der Festsetzung des Strafmaßes durch den Staat nicht durchsetzen; hier musste er Reformvorschläge zurücknehmen (Grevemeyer 1990: 171-179). Reformerlasse von König Amanullah bezogen sich auf verschiedene Bereiche, die das soziale Gefüge betrafen: Eheschließung, Bildung und Beruf oder das Tragen des Schleiers.

Die erste Mädchenschule, die später den Namen "Malalai" erhielt, wurde 1921 gegründet. Zugang zu dieser Schule, die von der Königin verwaltet wurde, hatte jedoch nur eine ausgewählte Minderheit. Rund 800 Schülerinnen erhielten dort im Jahr 1928 Unterricht (Grevemeyer 1990: 256). Diese erste Bildungsstätte für Mädchen, die in einem kleinen Bungalow im Palast eingerichtet war, wurde von einer Direktorin und einer Vorsteherin geleitet, die beide aus der Königsfamilie stammten. Sechs Jahre später konnten etwa 700 Mädchen an zwei weiteren Volksschulen unterrichtet werden. Der Unterricht in den Mädchenschulen umfasste Geschichte, Korankunde und Sprachunterricht und wurde eingangs von Frauen der gesellschaftlichen Elite gehalten und später durch Literaten sowie Lehrerinnen aus der Türkei, Frankreich, Deutschland oder Indien ergänzt (Rahimi 1986: 44-45). Um die Ausbildung für die Frauen zu erweitern, wurden im Jahr 1928 fünfzehn Schülerinnen, die den Abschluss an der "Masturat"-Mittelschule erlangten, in die Türkei geschickt, um dort ihr Studium fortzusetzen. In der Regel gehörten die Mädchen zur königlichen Familie, waren Töchter aus angesehenem Haus oder wohlhabenden Familien. Nach dem Sturz von König Amanullah mussten sie auf Befehl von Habibullah zurückkehren. Als die Mädchen wieder in Afghanistan ankamen, war Habibullah bereits durch Nadir Schah[133] ersetzt worden (Rahimi 1986: 44-51).

Die Erweiterung der Schul- und Ausbildungsstätten für Frauen und Mädchen stieß jedoch auf Widerstand der traditionellen und religiösen Führer. Diese Ablehnung breitete sich weiter aus und erfasste auch die gesamte Landbevölkerung sowie einen Großteil der Stadtbevölkerung (Kreile 1997: 396-403). Amanullah versuchte, den Vorbehalten bezüglich seiner Reform entgegenzuwirken, indem er beispielsweise dafür sorgte, dass die damaligen Lehrbücher für die Mädchen der Mittelschule auch traditionelle Werte vermittelten. In den Lehrbüchern wurde das Bild der beispielgebenden Muslimin entworfen, die sich durch Tugendhaftigkeit auszeichnet und den Geboten *Allâhs* folgt (Grevemeyer 1990: 256-257).

Auch beruflich begannen die Frauen, in einzelnen Bereichen aktiv zu werden; die Berufstätigkeit betraf damals wenige Bereiche und war nur einer Minderheit von Frauen vorbehalten. Seraj ul-Banat, eine Schwester des Königs, leitete das erste Frauenkrankenhaus "Masturat". In ihrer Ansprache zur Eröffnung des Krankenhauses betonte sie die Wichtigkeit einer guten Ausbildung für Frauen (Rahimi 1986: 44-45).

> „[...]. ‚Alte Frauen entmutigten die jungen Frauen, ihre Mütter und Grossmütter seien nicht gestorben, weil sie nicht lesen und schreiben konnten. Durch diese Einstellung haben sich die afghanischen Frauen von der Erziehung ausgeschlossen. Nun, dank der Aufmerksamkeit, die Ghazi Amanullah dem Erziehungswesen schenkt, steht auch genügend Geld für Schulbildung zur Verfügung. Wissen ist kein Monopol der Männer. Frauen verdienen eine ebensogute Ausbildung. [...]'' (Rahimi 1986: 45).

---

[133] Persisch *shâh* „König", iranischer Herrschertitel, der auch von Fürsten und Moghulkaisern geführt wurde. Häufig steht *shâh* in Verbindung mit einem Personen-, Völker- oder Landesnamen, wobei dieser vor dem Wort *shâh* steht (Rettelbach 1974: 89-90).

Die Königin gründete 1921 die Zeitschrift "Ershad an-neswan", deren Artikel mehrheitlich aus Themen über Kindererziehung und Gesundheit, Themen, welche die Frauen ansprachen, bestand. Die Vorsitzende dieser Zeitschrift, die wöchentlich erschien, war die Ehefrau von Mahmud Tarzi, Asma Rasmiya (Grevemeyer 1990: 256). Ein Teil der Frauen begann sich in Organisationen zusammenzuschließen. Im Jahr 1925 wurde die erste Organisation "Anjoman-e hemayat-e neswan" zum Schutz der Frauen gegründet, die von der Schwester Amanullahs geleitet wurde. Die Organisation zielte darauf ab, Frauen zu helfen, die sich durch ihre Ehemänner ungerecht behandelt fühlten (Grevemeyer 1990: 256). Mit dem Appell Amanullahs, den Schleier, als ein Symbol des Islams, abzulegen, stieß er auf starken Widerstand. Der Schleier wurde von offizieller Seite zwar missbilligt, jedoch nicht verboten - ebenso wie *purdah* (Rahimi 1986: 44). Vonseiten der traditionellen Elite wurde der Aufruf Amanullahs jedoch als ein verbindliches Gesetz dargestellt (Grevemeyer 1990: 257). Die Königsfamilie orientierte sich bei ihrer Kleiderauswahl an westlichen Modestandards, weniger an der traditionellen Kleidung. Zum Missfallen der traditionellen und geistlichen Elite bestärkte Königin Soraya die Frauen, den Schleier abzulegen, während sie selbst einen Hut mit einem durchsichtigen Schleier trug. Der König unterstützte seine Frau und wies darauf hin, dass die Religion es nicht vorschreibe, dass Frauen sich ganz verhüllen müssen (Rahimi 1986: 41-45).

7.1.2 Die Eheschließung als Reformerlass

Obgleich Amanullah Khan den Frauen lediglich Rechte im Rahmen der religiösen Normen zusprach, wurde diese Politik von den religiösen Führern kritisiert. Diese lehnten den Schutz der Frauen durch den Staat ab. In einem Gesetzestext über die Polygamie wurde darauf verwiesen, dass diese nur im religiösen Kontext möglich sei. Alle Frauen seien gleich zu behandeln, woraus abgeleitet wurde, dass es besser sei, nur eine Frau zu heiraten. Ferner wurde den Frauen bei einer Nicht-Gleichbehandlung die Möglichkeit gegeben, eine Klage einzureichen, die von dem Ehemann nicht verhindert werden durfte. Die Männer wurden gebeten, möglichst keine Minderjährigen zu heiraten. In den Artikeln 4 bis 17 wurden 1924 sämtliche Hochzeitsrituale wie etwa der Brautpreis[134] und die Morgengabe geregelt. Amanullah ließ jegliche Art des Brautpreises, unabhängig davon, ob Geld oder andere Güter, verbieten und ließ die Morgengabe, *mahr*, auf 30 Rupien festlegen (Grevemeyer 1990: 266-267). Dies bedeutete einen starken Eingriff in die reziproken Beziehungen, da die Familie der Tochter keine 'Gegenleistung' für die Braut erhielt (Kreile 1997: 400). Der Brautpreis spielte jedoch innerhalb des traditionellen sozialen Gefüges eine wichtige Rolle; Ehre und Ansehen der Haushalte wurden durch ihn mitbestimmt. Der 'Wert' der Braut war symbolisch und ergab sich aus ihrer Ehre und ihrem Ansehen. Gleichzeitig konnte in diesem Austauschsystem die Familie des Bräutigams ihr materielles Kapital präsentieren. Beide Familien waren dadurch eng miteinander verbunden. Dieses reziproke System bedeutete für die Menschen nicht nur ein Abhängigkeitsverhältnis, sondern es diente auch zum Schutz in bestimmten Notsituationen; und ein Eingriff in dieses System, bei dem die Eheschließung zur Privatangelegenheit erklärt wurde, hätte gleichzeitig eine Gefahr für die Gemeinschaft bedeutet (Kreile 1997: 400-401).

> „Ein komplexer sozialer Prozeß, der für den Zusammenhalt der primären Solidargemeinschaft zentral ist, wird gleichsam zur Privatsache, zur Angelegenheit zweier Individuen, der Braut und des Bräutigams, erklärt. Eine Individualisierung der Eheschließung, die nur noch den Konsens der beiden Ehepartner erfordert, schwächt tendenziell den Zusammenhalt der primären familiären und tribalen Gemeinschaft, [...]" (Kreile 1997: 402).

Begründet wurden diese Eingriffe in die Familienstruktur mit ökonomischen Interessen, denn häufig kam es dazu, dass sich Familien für den Brautpreis hoch

---

[134] Dari *shir-baha*, Paschtu *wulwar* (Dupree 1973: 198). Laut Grevemeyer umfasst der Brautpreis „den Transfer von Gütern und Geld von der Familie des Mannes an den Vater der Braut. Unabhängig von der Legitimation dieser Zahlung handelt es sich dabei – auch im Bewusstsein der Afghanen – um die Summe für den ‚Kauf' der Braut. Die Summen für diesen Kauf waren und sind teilweise riesig[106]" (Grevemeyer 1990: 267). Grevemeyer weist darauf hin, dass der Brautpreis den größten Anteil der Verschuldung einnimmt (Grevemeyer 1990: 397). Aus diesem Grund wird meistens die Monogamie praktiziert. Ferner ist der Brautpreis abhängig von der sozialen Stellung der Familie der Braut und ihren Fähigkeiten (Hahn 1972: 196).

verschuldeten. Dass das Verbot des Brautpreises kaum in die Praxis umgesetzt werden konnte, zeigt die wiederholte gesetzliche Regelung. Bis 1978 wurde das Verbot des Brautpreises fünfmal im Gesetz verankert (Kreile 1997: 401-402). In seinen Reformerlassen ließ König Amanullah in Artikel 6 verbieten, dass Frauen anderen Familien gegeben werden, um einen Konflikt beizulegen. Ferner verbot er in Artikel 7, Witwen von einer zweiten Heirat abzuhalten. Die Reformerlasse gingen soweit, dass selbst der Konsum von Speisen bei Hochzeitsfestlichkeiten in Artikel 10 festgelegt wurde und Hochzeitsgaben durch den Ehemann an die Braut in Artikel 12 limitiert wurden (Knabe 1977: 196-198). Selbst die Anzahl der Kleidungsstücke sollte begrenzt werden und aufwendige Hochzeitsfeiern wurden untersagt. Amanullah wollte die Heirat von Minderjährigen verbieten. Aufgrund des Drucks durch die traditionelle Elite, die darauf verwies, dass diese Eheschließung religiös erlaubt sei, gab Amanullah dem Widerstand nach. Er stellte sich als jemand dar, der kein Gelehrter des Islams sei, sondern die Reform aufgrund eigener Erfahrung umsetzen wollte (Grevemeyer 1990: 268-269).

> „[...], sah er sich gezwungen einzulenken: ,Ich bin kein Gelehrter, Richter oder Theologe. Ich fühle mich nur als euer Beschützer und Soldat. Was ich über die Heirat von Minderjährigen vorbrachte, beruhte weniger auf der Kenntnis des religiösen Gesetzes denn auf meiner Erfahrung. [...]. Ab jetzt ist die Heirat von Minderjährigen erlaubt'" (Grevemeyer 1990: 269).

Amanullahs Anordnungen wie zum Beispiel das Verbot, eine Frau als Schadensersatz in Konfliktfällen zu geben, oder seine Bestimmungen über die Polygamie wurden in der Praxis kaum umgesetzt. Letztere stieß besonders auf Kritik, da viele Geistliche mehrere Ehefrauen hatten (Grevemeyer 1990: 268-270). Amanullah versuchte, bei seinen Reformen auch an die Vernunft der Menschen beziehungsweise der Geistlichen zu appellieren. In einer Diskussion über das Heiratsgesetz mit Mitgliedern der großen Ratsversammlung äußerte sich Amanullah wie folgt:

„[...] habe ich beim afghanischen Volk, wenn es um die Ehe und Ü-
berlassung einer Tochter ging, nur Zwietracht, Mord und Todschlag
gesehen. [...] Seid gerecht! Behandelt eure Frauen gleich! Dann könnt
ihr auch vier Frauen heiraten. Eine Frau zu heiraten ist jedoch besser,
als mit vieren verheiratet zu sein, die sich streiten, miteinander raufen
oder sich gegenseitig umbringen" (Grevemeyer 1990: 269).

Auch in Bezug auf die Aufwendungen bei Hochzeits- und Verlobungsfeiern
musste Amanullah einlenken. Die Bestimmungen wurden insofern geändert, als
dass Aufwendungen dem finanziellen Rahmen angepasst sein sollten und der
Brautpreis nicht gezahlt werden durfte, aber das Schenken von Schmuck nach
der Hochzeit erlaubt war (Grevemeyer 1990: 268-270). Grevemeyer verweist
auf die große Kluft zwischen Theorie und Praxis, die auch den Geistlichen hätte
bewusst sein müssen. Doch trotz dieser Kluft misstrauten die Geistlichen der
Reform Amanullahs und der Widerstand wurde größer gegen seine als 'unislamisch' bezeichneten Gesetze. Der Eingriff in traditionelle und familiäre Strukturen und der Versuch der Emanzipation der Frauen stießen auf sehr starken Widerstand (Kreile 1997: 396-399).

„Von den segmentären Kräften, den verwandtschaftlichen, tribalen
und religiösen Gemeinschaften, wurde er jedoch als Eingriff in die innere Autonomie der Gemeinschaften und als Gefährdung der Macht-
befugnisse der traditionellen Eliten perzipiert. Insbesondere die staatlichen Versuche, die Geschlechterverhältnisse und die Stellung der
Frau zu reformieren und einheitlich zu reglementieren, stießen auf
Widerstand" (Kreile 1997: 399).

Als es im Jahr 1924 zum Mangal-Aufstand kam, wurden die Afghanen aufgefordert, sich zwischen dem Koran und der Reform Amanullahs zu entscheiden.
Der den Aufstand anführende Habibullah Kalakani legitimierte seine Machtergreifung dadurch, dass er vor der Bevölkerung verkündete, Amanullah habe die
Frauen gezwungen, den Schleier abzulegen und er, Habibullah, würde den Islam
retten (Grevemeyer 1990: 256-258).

7.2 Abschaffung der Reform unter König Nadir Schah (1929-1933)

Im Oktober 1929 kam General Nadir Schah an die Macht. Er nahm den Thron ein und verurteilte Habibullah Kalakani als Banditen und Plünderer, der die Krone gestohlen habe. Zu den Hauptzielen Nadir Schahs zählte, die Traditionalisten und die *'ulamâ'* zu beschwichtigen und deren Macht zu stärken. Nadir Schah zwang die Frauen, sich wieder zu verschleiern. Ferner forcierte er die Trennung der Paschtunen von den Nicht-Paschtunen, die von Militärdienst und Steuerpflicht befreit wurden (Zulfacar 1998: 13-14). Nadir Schah nahm die Reform Amanullahs wieder zurück, wofür er große Zustimmung innerhalb der Bevölkerung fand. Nachfolgende Herrscher begrenzten ihre Reform auf Regionen, die sie gut kontrollieren konnten oder begrenzten daher ihre Maßnahmen auf Bereiche, die nicht in dem Maße in die traditionell strukturierte Gesellschaft eingriffen (Grevemeyer 1988: 44-45).

Nadir Schah ließ die Mädchenschulen wieder schließen. Zwei Jahre nach seiner Amtsübernahme wurde jedoch eine Mädchenschule eröffnet, die allerdings anfangs als Schule für Hebammen getarnt war. Zeitschriften und Zeitungen, die sich auch mit Frauenfragen beschäftigten, wurden jedoch nicht mehr veröffentlicht. Eine Ausnahme, die es erlaubte, sich über Frauenfragen zu informieren, bildete die Zeitschrift "Hei 'ali al-falah", die geistlich ausgerichtet war und mit Argumenten aus dem islamischen Recht und der islamischen Philosophie die Frau in einer dem Mann unterlegenen Position beschrieb. Auch Artikel der vorherigen Verfassung wurden insoweit geändert, als sie speziell an die islamischen Vorgaben angepasst wurden. Die rechtlich gleiche Freiheit aller Afghanen wurde dahingehend umformuliert, dass die religiöse Rechtslage des Landes berücksichtigt werden musste (Grevemeyer 1990: 259).

> „[...] in der neuen Verfassung von 1931 der ehemalige Artikel 9 der Verfassung von 1923, in dem es um die persönliche Freiheit *aller* ging, nun in dem entsprechenden Artikel 10 der neuen Verfassung dahingehend umformuliert, daß bei der Inanspruchnahme derartiger

Freiheiten die religiös-rechtlichen Vorschriften im Lande zu berücksichtigen seien" (Grevemeyer1990: 259).

Nadir Schah setzte zwar die Kodifizierung des Rechts weiter fort, er dehnte jedoch die Macht des Staates gegenüber der geistlichen Elite nicht weiter aus. Da er der geistlichen und traditionellen Elite seine Macht verdankte, wertete er deren Macht weiter auf und gestand ihnen wieder zu, Recht zu sprechen und Strafen zu verhängen. Seinen Erfolg verdankte er der Kritik, die er gegenüber König Amanullah äußerte. Trotz des Entgegenkommens gegenüber der geistlichen Elite blieb dem König jedoch durch das Vetorecht und die Möglichkeit, in die Angelegenheiten der Provinzen einzugreifen, die zentrale Macht gegeben (Tabibi 1980: 243-245).

8 Die Situation der Frauen von 1933-1973

Die politische Phase von 1933 bis 1973 wird häufig als eine Phase, die für eine gemäßigte Modernisierung steht, beschrieben. Nach der Darstellung der politischen Ereignisse, die unter anderem durch die Paschtunistanfrage, die wirtschaftlichen und rechtlichen Änderungen sowie durch die unterschiedlichen Auffassungen des Premierministers Daud Khan und des Königs Zahir Schah gekennzeichnet sind, wird der Frage nachgegangen, inwiefern sich diese Geschehnisse auf die Stellung der Frauen auswirkten. So durften die Frauen während dieser Regierungszeit zusammen mit den Männern studieren und waren in verschiedenen Berufssparten tätig. Des Weiteren kam es zu Veränderungen bezüglich der Eheschließung. Neben der in Kapitel 7 verwendeten Literatur von Jan-Heeren Grevemeyer, Fahima Rahimi und Maliha Zulfacar greife ich auf zwei Quellen von Michael Pohly zurück, der am Institut für Iranistik an der Freien Universität Berlin als Dozent arbeitet und das Buch *„Nach den Taliban. Afghanistan zwischen internationalen Machtinteressen und demokratischer Erneuerung"* 2002 mit Khalid Durán, einem Islam- und Anti-Terror-Experten verfasst hat. Von Pohly stammt auch das Werk *„Krieg und Widerstand in Afghanistan. Ursachen, Verlauf und Folgen seit 1978"* von 1992, in welchem er die Widerstandsbewegung beschreibt, deren Anfänge bereits vor der sowjetischen Besatzung zu finden sind. Ferner greife ich auf Internetmaterial zurück, um beispielsweise biografische Informationen zu verarbeiten. Zu diesem Internetmaterial zählen Quellen verschiedener Afghanistanseiten[135] sowie etwa der Artikel von Sophie Mühlmann *„Anwältin der Frauen Afghanistans: Fatima Gailani"* für die Zeitung „Die Welt".

---

[135] O. A.: http://www.afghanistan-seiten.de/afghanistan/bios_inhalt.html.

8.1 Die politische Situation von 1933-1973

Bis 1953 wurde Afghanistan durch eine von Nadir Schah begonnene liberale Wirtschaftspolitik geprägt, in welcher die Modernisierung nur soweit unterstützt wurde, dass sie nicht zu innenpolitischen Spannungen führte. Die Privatwirtschaft wurde gefördert, ohne durch Gesetze in die sozialen und agrarökonomischen Verhältnisse einzugreifen (Grevemeyer 1990: 92-93). Mit dem Amtsantritt von Daud Khan 1953 als Premierminister kam es zu wirtschaftlichen Veränderungen; statt der privatwirtschaftlichen Förderung trat eine durch den Staat gelenkte Wirtschaft in den Vordergrund. Durch die finanzielle und technische Hilfe des Auslands konnte die wirtschaftliche Entwicklung vorangetrieben werden (Grevemeyer 1990: 99).

> „Die Epoche von 1953 bis zum April-Putsch 1978 läßt sich als Blütezeit der Versuche einer technischen Modernisierung in der Landwirtschaft bezeichnen. Mit west-östlichen Geldern, Experten und Ideen ausgestattet, waren die afghanischen Entwicklungsstrategien vorrangig dem westlich-kapitalistischen Entwicklungsmodell verpflichtet" (Grevemeyer 1990: 99).

Daud Khan genügte ein rein technischer Fortschritt jedoch nicht; er wünschte sich eine Umgestaltung der Gesellschaft (Grevemeyer 1990: 99). Während die Gerichtsbarkeit bis in die 50er Jahre in der Verantwortung der Geistlichkeit lag, vollzog Daud Khan einen Bruch in der historischen Koexistenz von Regierung und traditioneller sowie geistlicher Elite (Grevemeyer 1990: 180-181). 1961 kam es zu erneuten Spannungen wegen der Paschtunistanfrage[136], die fast zu einem Krieg zwischen Afghanistan und Pakistan geführt hätten. Mit ausgelöst hatte diesen Konflikt Daud Khan. Durch die neue Verfassung von 1964 wurde Afghanistan eine konstitutionelle Monarchie.[137] Ein Parlament wurde einberu-

---

[136] Im Jahr 1893 wurde zwischen Afghanistan und Britisch-Indien ein Abkommen getroffen, in dessen Folge ein Großteil des paschtunischen Kernlandes an Britisch-Indien fiel. Mit der Entstehung Pakistans 1947 und der Eingliederung dieses Gebietes in pakistanisches Territorium kam es zu Spannungen, da das Paschtunistan genannte Gebiet jetzt durch die afghanisch-pakistanische Grenze getrennt wurde (Grevemeyer 1990: 310).
[137] O. A.: http://www.afghanistan-seiten.de/afghanistan/bios_inhalt.html.

fen, das jedoch 1967 aufgrund des Fehlens wirklicher Befugnisse wieder aufgelöst wurde (Pohly 2002: 26-27). Bereits zwei Jahre zuvor, 1965, wurde die DVPA (Demokratische Volkspartei Afghanistan) gegründet, was zwischen 1965 und 1972 zu vermehrten Auseinandersetzungen zwischen Islamisten und links orientierten Gruppierungen führte. Der damalige Premierminister Musa Schafik unterstützte die Islamisten, zu deren Führern unter anderem Ahmed Schah Massud und Gulbuddin Hekmatyar gehörten. Das religiöse Wissen dieser Islamisten war eher gering und die orthodoxen Geistlichen standen ihnen feindlich gegenüber. Professoren wie etwa der spätere Präsident Burhanuddin Rabbani versuchten, zwischen beiden Gruppen zu vermitteln (Pohly 1992: 127-132). Als es 1973 zusätzlich zu den politischen Unruhen zu einer Hungerkatastrophe kam, putschte Daud Kahn mit der Unterstützung der DVPA und rief die Republik Afghanistan aus. Die DVPA versuchte, ihre sozialistische Ideologie gegenüber Daud durchzusetzen, worauf dieser mit der Verhaftungen von Kommunisten reagierte (Pohly 2002: 26-27).

8.1.1 König Zahir Schah

Die Regierungsperiode von Muhammad Zahir Schah, dem Sohn von Nadir Schah, war die bislang längste in der afghanischen Geschichte und dauerte von 1933 bis 1973. Da Zahir Schah, als er den Thron erbte, bei seinem Amtsantritt noch zu jung war, trafen anfänglich zwei Onkel für ihn die Entscheidungen. Mit einer langsamen Modernisierung versuchte König Zahir Schah die sozialen und ökonomischen Strukturen zu verändern. Die Privatwirtschaft erfuhr eine intensive Förderung; mithilfe der Königsfamilie wurden Banken gegründet. Zahir Schah beabsichtigte, eine demokratische Regierung zu etablieren, was auch vom Ausland sehr geschätzt wurde. Doch die Unzufriedenheit in Teilen der Bevölkerung wuchs aufgrund wirtschaftlicher Stagnation, steigender Arbeitslosenrate sowie fehlender Härte bei der Durchsetzung der Regierungsziele (Zulfacar 1998: 14). Im Jahr 1973 wurde Zahir Schah von Muhammad Daud Khan gestürzt, der die Republik Afghanistan ausrief. Seit seinem Sturz lebt Zahir Schah in Rom im

Exil. Seine afghanische Staatsangehörigkeit wurde ihm von der kommunistischen Regierung unter Noor Muhammad Taraki aberkannt.

8.1.2 Sardar Muhammad Daud Khan

Daud Khan war von 1953 bis 1963 Premierminister in Afghanistan. Während dieser Zeit begann er das Land ideologisch neu auszurichten. Als die Paschtunistanfrage erneut aufflammte, bat er die Sowjetunion um militärische Unterstützung. Daud Khan erhielt von der UdSSR für das Land 100 Millionen US-Dollar für Entwicklungsprojekte und 25 Millionen US-Dollar für den Kauf von Waffen. Er förderte den Ausbau der Infrastruktur, ermutigte die Frauen, den Schleier abzunehmen und die Mädchen, die Schule zu besuchen. Während dieser Zeit traten Frauenorganisationen wieder in den Vordergrund und beteiligten sich auch am politischen Leben. Auch Nicht-Paschtunen war nun der Militärdienst erlaubt und die Säkularisierung wurde stark gefördert (Zulfacar 1998: 15). Prinz Muhammad Daud Khan wurde 1963 von seinem Cousin und Schwager König Zahir Schah aufgefordert, vom Amt als Premierminister zurückzutreten. Die folgenden zehn Jahre blieb Daud Khan ohne politisches Amt, bis er mithilfe links orientierter Offiziere gegen Zahir Schah putschte.[138]

8.2 Modernisierungsprozesse - auch für die Frauen?

Nachdem Nadir Schah 1933 ermordet[139] wurde, blieb die Situation für die Frauen bis Mitte der 40er Jahre größtenteils unverändert. In dem neuen Gesetzesentwurf von 1934 fehlten Festlegungen über die Höhe der Mitgift, die Gabe einer Frau zur Konfliktregelung, Aussagen zur Polygamie sowie zur Hochzeit von Minderjährigen (Grevemeyer 1990: 270).

Parallel zur politischen entwickelte sich eine intellektuelle Opposition, die sich an Mahmud Tarzi orientierte (Grevemeyer 1990: 259- 260). Zwischen 1949 und 1952 durfte, dank des liberalen Parlaments, auch die oppositionelle Presse ihre Zeitungen und Zeitschriften publizieren. Doch die konservative Elite, bestehend

---

[138] O. A.: http://www.afghanistan-seiten.de/afghanistan/bios_inhalt.html.
[139] Er wurde von einem Sympathisanten König Amanullahs getötet (Pohly 2002: 26).

aus Traditionalisten und Geistlichen, zwang die Regierung 1952, ihren liberalen Kurs aufzugeben. Die Regierung sah sich durch diesen Druck veranlasst, die oppositionelle Presse zu verbieten. Eine Vielzahl liberaler Intellektueller wurde verhaftet. Die Schicht der aufgeklärten und gebildeten Frauen und Männer hatte sich jedoch spürbar vergrößert und durch die damalige Einbindung Afghanistans in die Entwicklungspolitik des Westens wurde Druck auf die Regierung ausgeübt; die konservativen Kräfte im Land konnten sich mit ihrer Politik daher nicht durchsetzen (Grevemeyer 1990: 262-263). Als Muhammad Daud Khan Premierminister wurde, wollte er keine Kompromisse mit den geistlichen Führern eingehen. Stattdessen nahm er viele Ideen der Reformpolitiker auf. Gleichzeitig förderte er aber den Ausbau der theologischen Fakultäten, um die religiösen Kräfte als eine rein kulturelle Elite zu fördern. Daud sah die Mitarbeit der Frauen als eine Notwendigkeit an, um ökonomische Reformen im Land durchzusetzen. Seine Ziele realisierte er zum Teil mit starken Repressalien und verhinderte dabei die Einbindung der geistlichen Führer (Grevemeyer 1990: 263-264).

8.2.1 Die Bildungspolitik und die berufliche Situation der Frauen

Ab 1939[140] gab es auch für Mädchen eine Schulpflicht, woraufhin in verschiedenen Provinzen neue Schulen entstanden. Mitte der 40er Jahre erschienen Frauen vermehrt in der Presse und begannen, sich zu organisieren. Die staatliche Frauenwohlfahrtsorganisation, die 1946 neu gegründet wurde und deren Grundstein bereits in der Zeit Amanullahs gelegt wurde, beschäftigte sich in erster Linie damit, Frauen das Lesen und Schreiben zu lehren. Weiterhin standen Ausbildung sowie berufliche Aktivitäten für Frauen im Vordergrund. Besonders Afghaninnen, die aufgrund ihrer familiären Situation der Unterstützung bedurften, wollte die Organisation durch entsprechende Ausbildungs- und Arbeitsprogramme helfen (Grevemeyer 1990: 259-261).

Ab 1950 durften die Frauen erstmalig einzelne Bereiche der Universität besuchen. Am "Women's College" wurden die Frauen getrennt von den Männern

---

[140] Siehe auch Kapitel 4.2 (Anm. d. Verf.).

unterrichtet. Sie waren verschleiert, da die Dozenten mehrheitlich Männer waren. Zu dieser Zeit wurden in verschiedenen Regionen weitere Schulen eröffnet (Rahimi 1986: 63). Im Jahr 1959 begannen Frauen, sich direkt an den Universitäten einzuschreiben.[141] Weiterhin verbesserte sich die Ausbildungssituation für die Frauen in den 50er Jahren langsam. Viele Frauen entschieden sich für den Beruf der Lehrerin. Jedoch war die Qualität des Unterrichts anfangs eher gering, da Frauen zu Pädagoginnen ausgebildet wurden, deren Wissen nicht viel größer war als das ihrer Schülerinnen (Knabe 1977: 170).

> „Damals versuchte man vor allem Lehrerinnen auszubilden, die helfen würden, die Mädchenbildung immer weiter auszudehnen. Anfangs wurden sogar Frauen als Lehrerinnen eingestellt, die selbst nur über eine minimale Ausbildung verfügten – häufig gerade ein Jahr mehr als die Schülerinnen, die sie unterrichteten" (Knabe 1977: 170).

Im Laufe der Jahre wurde die Ausbildung verbessert und die Frauen verschafften sich auch den Zutritt zu anderen Berufsgruppen (Knabe 1977: 170-171). Obwohl die Fortschritte im Bildungsbereich eher langsam waren, stieß eine Ausbildung für Mädchen besonders bei der ärmeren Landbevölkerung auf Widerstand. Die Einstellung der Bevölkerung hinsichtlich der Bildung für Mädchen war sehr widersprüchlich. So wurde etwa bei einer Konferenz des Erziehungsministeriums von 1968 von vielen Provinzen gewünscht, dass die Regierung mehrere Mädchenschulen finanziell fördern sollte. Da die Regierung den Wünschen nicht nachkommen konnte, ergriffen viele Gemeinden selbst die Initiative und richteten in Privathäusern Unterrichtsräume ein. Hingegen lehnte ein Großteil der Landbevölkerung die Ausbildung für Mädchen ab. Besonders die ärmere Bevölkerung hielt eine Ausbildung der Mädchen für sinnlos und zog es vor, ihre Töchter möglichst frühzeitig zu verheiraten (Knabe 1977: 164-169).

Besonderer Bedarf bestand im Gesundheitssystem, da sich aufgrund von *purdah* Frauen nur unter Schwierigkeiten oder gar nicht von Männern untersuchen lassen konnten. Ärztinnen und weibliches Pflegepersonal wurden daher dringend

---

[141] Ansari: http://www.uni-karlsruhe.de/~afghan/d/gesch/geschich.htm.

von den Frauen benötigt. Bereits in den 30er Jahren entstanden die ersten Hebammenschulen und Ayesha Maqsudi war eine der ersten Hebammen des Landes. Sie wurde 1953 stellvertretende Direktorin einer Poliklinik und galt als Vorbild innerhalb des Gesundheitswesens. Mitte der 50er Jahre begannen die ersten Frauen Medizin zu studieren, wobei sie häufig wegen des Konkurrenzdruckes mit einem besseren Notendurchschnitt ihr Examen bestanden als die männlichen Studenten (Rahimi 1986: 66-67).

> „Wie sich Nadera erinnert, hatten die Mädchen immer die besseren Noten als die Jungen, da sie ängstlich darum bemüht waren, zu beweisen, dass sie den Männern ebenbürtig seien" (Rahimi 1986: 67).

Bei der Familienplanung, die in das Gesundheitswesen einbezogen war, stießen viele Ärztinnen auf Schwierigkeiten. Ein Großteil der Bevölkerung, der sich auf alte Traditionen oder auf die Religion berief, hielt diese Familienplanung für 'unislamisch'. Aufgrund dieser Problematik wurde versucht, das schulmedizinisch ausgebildete Pflegepersonal und die in den Dörfern lebenden Pflegerinnen und Hebammen, die traditionell orientiert waren, zur Zusammenarbeit zu ermutigen (Rahimi 1986: 66-71).

Auch im Bereich des Journalismus fanden einige Frauen damals einen Arbeitsplatz. Afghaninnen besuchten an der Philosophischen Fakultät der Universität in Kabul den Studiengang Journalistik und arbeiteten nach ihrem Abschluss für die Paschtu-Tageszeitung "Heward" (Heimat), das Tagesblatt "Anis" (Der Begleiter), bei der Zeitung "Jamhuriat" (Die Republik) oder für die englischsprachige Tageszeitung "Kabul Times". In diesen Zeitungsredaktionen waren zu dieser Zeit mehr als zwanzig Frauen beschäftigt (Rahimi 1986: 86-89). Im afghanischen Radio war 1957 erstmalig eine Frau als Moderatorin zu hören. Diese wirkte laut Knabe auf einen Großteil der Bevölkerung befremdlich, da selbst die Stimme der Frau unter die Regeln von *purdah* fällt (Knabe 1977: 170-172).

Im Folgenden geht es darum, die Situation der Frauen anhand persönlicher Beispiele darzustellen. Es handelt sich hierbei um Frauen, die im Bereich der Bildung, des Erziehungswesens, Gesundheitswesens oder auch im Bereich der Kommunikation erfolgreich waren.

Die erste Nachrichtensprecherin bei Radio Kabul war 1947 Latifa Kabir Seraj, Enkelin von Mahmud Tarzi. Latifa, die in den ersten Jahren ihrer Berufstätigkeit verschleiert in das Studio ging, legte im Jahr 1959 aufgrund der Ermutigung des Präsidenten der Presseabteilung ihren Schleier ab (Rahimi 1986: 91). Daud Khan garantierte ab 1959 allen Frauen den Schutz durch die Regierung, wenn sie unverschleiert in der Öffentlichkeit auftreten wollten und setzte sich damit gegen die konservative Elite durch. In Kabul, Herat und Kandahar waren von diesem Zeitpunkt an vermehrt unverschleierte Frauen auf den Straßen zu sehen (Grevemeyer 1990: 264). Als erste Sängerin trat Parween 1951 bei Radio Kabul auf. Gerade in dem Beruf als Sängerin, der ebenso wie der einer Schauspielerin als 'unmoralisch' angesehen wurde, musste sie sich vermehrt gegen Vorurteile wehren. Parween wurde jedoch zu einer bekannten Persönlichkeit und verschaffte sich viel Respekt für ihre Tätigkeit. Schauspielerinnen, die am Theater beschäftigt waren, konnten bereits Ende der 50er Jahre erste Erfolge vorweisen wie etwa Habiba Askar, die aus einer Künstlerfamilie stammte und als Schauspielerin ausgezeichnet wurde (Rahimi 1986: 91-95).

„Habiba Askar begann ihre Karriere als Schauspielerin 1958 im Alter von zwölf Jahren und ist heute aktiv am Afghan Nandari-Theater in Kabul. Bisher ist sie in sechzehn Rollen aufgetreten. 1963 wurde sie mit dem Titel ‚Schauspielerin des Jahres' ausgezeichnet (Rahimi 1986: 95).

Für die Schauspielerinnen im Filmgeschäft war die Situation eine andere; als ab 1946 die ersten afghanischen Filme gedreht wurden, arbeitete keine afghanische Schauspielerin in einem Film mit. Erst 1973 gelang Frauen der Einstieg in das Filmgeschäft (Rahimi 1986: 95).

Shafiqa Ziaie wurde 1928 in Kabul geboren und galt als eine 'Vorkämpferin' im Bildungswesen. Sie unterrichtete an der "Malalay"-Oberschule Mathematik und Physik und besuchte zeitgleich eine Frauenakademie. Anschließend studierte sie

1960 für ein Jahr in der Schweiz Verwaltungslehre und Französisch und wurde nach ihrer Rückkehr Leiterin der zweiten Mädchenschule in Kabul. Shafiqa Ziaie lernte Englisch und 1963 ging sie in die USA, wo sie den Magistergrad in Mathematik erhielt. Als Shafiqa Ziaie nach Afghanistan zurückkehrte, erhielt sie eine Stellung im Erziehungsministerium und leitete dort als Stellvertreterin die Bearbeitungs- und Übersetzungsabteilung. Im Jahr 1969 wurde sie zur Ministerin ernannt und blieb in dieser Position bis 1972. Auch Alia Hafeez studierte in den USA und unterrichtete einige Jahre später Psychologie an der Universität in Kabul. Des Weiteren vertrat sie die Interessen Afghanistans auf verschiedenen internationalen Kongressen, wie etwa auf der UNESCO-Konferenz, die 1964 in Teheran tagte. Masooma Esmati arbeitete als Übersetzerin und war Herausgeberin der Zeitschrift "Woman's Education". Sie unterrichte Geografie an der Universität von Kabul. Als 1964 die Verfassung bestätigt wurde, war Masooma Esmati Mitglied der *loya jirga* und wurde als Vertreterin von Kandahar in das Parlament gewählt (Rahimi 1986: 56-65). Mit Beginn der 60er Jahre gelang es Frauen, auch in die politischen Arbeitsbereiche weiter vorzudringen, sie arbeiteten in der Regierung, der Verwaltung oder dem diplomatischen Dienst. Als Premierminister unterstützte Muhammad Daud ab 1959 Frauen, die aktiv an der Politik teilhaben wollten. Mahbooba Rafiq arbeitete als Kabinettsvorsitzende im Außenministerium. Als Leiterin einer Frauenhilfsorganisation in Herat sah sie ihre Ziele darin, das Ansehen der afghanischen Frauen an internationale Richtlinien anzugleichen und die benachteiligte Stellung der Frauen innerhalb der afghanischen Gesellschaft zu verbessern. Die politische Beteiligung war in erster Linie auf den sozialen Sektor bezogen und die Mehrheit der Afghaninnen war in den Ministerien für Erziehung und Gesundheit vertreten, einige wenige waren in den Ressorts der Außen-, Innen- oder Verteidigungspolitik tätig (Rahimi 1986: 72-77). Besonders schwierig war es auch für die Frauen, die als Stewardess arbeiten wollten, da diese zwangsläufig Kontakt zu fremden männlichen Personen hatten. Frauen war es eigentlich nicht gestattet, ohne Begleitung eines männlichen Familienmitgliedes zu verreisen. Daud Khan förderte die Gleichstellung der Frauen gerade in diesem Arbeitsbereich, und nachdem es 1959 im Rahmen des Unabhängigkeitsfestes zur öffentlichen Entschleierung kam, wurden einige Frauen zur Ausbildung als Flugbegleiterin und für den Schalterdienst ins Ausland entsandt. Im Jahr 1959 wurde der erste Flug nach Beirut von drei Frauen betreut. Die Frauen bewiesen, dass sie einen Beruf ausüben konnten, auch ohne ihre Ehre und damit gleichzeitig die der Männer zu gefährden (Rahimi 1986: 73-77).

Fatima Gailani, die als Beraterin bei der Afghanistankonferenz in Königswinter (27.11. - 05.12.2001) fungierte, wies darauf hin, dass besonders in der Zeit zwischen 1963 und 1973 Frauen auch in der Politik vertreten waren. Sie arbeiteten unter anderem als Senatorinnen und erhielten 1964 das Wahlrecht. Auch was die gleiche Bezahlung von Männern und Frauen beträfe, wäre Afghanistan zu dieser Zeit weiter gewesen als viele europäische Länder.[142]

8.2.2 Gesetzesinitiativen zur Eheschließung

In einem Gesetzestext von 1961 wurde in Artikel 1 darauf verwiesen, dass bei der Schließung eines Ehevertrages sowohl der Mann als auch die Frau einwilligen müssten und dass beide Ehepartner mündig für die Ehe sein sollten. Das Mindestalter für die Hochzeit wurde in Artikel 2 für beide Ehepartner auf fünfzehn Jahre festgelegt. Zudem durfte der Vertrag laut Artikel 20 nicht zur Konflikt- oder Schuldentilgung dienen. Der Ehevertrag galt als Beweis für das *mahr* und verblieb bei der Frau (Knabe 1977: 198-199). Der staatliche Ehevertrag musste sowohl von der Braut als auch vom Bräutigam unterzeichnet werden und galt für die Frau als Nachweis ihres Besitzes. Die Unterzeichnung allein durch den Vormund der Braut war nicht mehr ausreichend (Grevemeyer 1990: 270-272). Während in den Jahren zuvor die Ehe durch die traditionellen Geistlichen besiegelt wurde, so begann der Staat 1961 seinen Einfluss auszuweiten. Neben der Eheschließung durch die Geistlichen musste der Ehevertrag zusätzlich staat-

---

[142] Mühlmann: http://www.welt.de/daten/2001/11/29/1129fo298764.htx?print=1.

lich anerkannt werden. In Artikel 22 wurde festgelegt, dass Ehepaare eine Urkunde erhalten, die als Nachweis für die Eheschließung gilt. Alle weiteren Eheverträge wurden in Artikel 5 für ungültig erklärt. Über die Polygamie und die Leistung der einzelnen Familien bei der Eheschließung wurde nichts ausgesagt. Die Regierung erkannte, dass sie die Höhe des Brautpreises nicht staatlich kontrollieren konnte und ein Erlass darüber nicht in die Realität umzusetzen war. Ferner hatte der Staat die Möglichkeit, ein bereits getroffenes Hochzeitsarrangement anzufechten, da laut Artikel 19 der Ehevertrag sich nicht nachteilig für die Braut oder den Bräutigam auswirken durfte (Grevemeyer 1990: 270-272).

Das Ehegesetz von 1971 griff noch weiter in die familiären Strukturen ein. Dem Paar wurde die Möglichkeit gegeben, auch ohne Einverständnis der Eltern heiraten zu können; es konnte vor dem Gericht den Vertrag abschließen. Damit wurde das Paar gleichberechtigt neben Eltern und die Familie gestellt und die Ehe individualisiert (Grevemeyer 1990: 272-273). Dies ermöglichte es dem Paar, auch gegen den Willen ihrer Familien zu heiraten. Um zu verhindern, dass das *mahr* von den Verwandten einbehalten wurde, wies die Regierung in Artikel 15 darauf hin, dass eine Bestätigung der Frau über den Erhalt des *mahr* vorliegen muss (Knabe 1977: 199-200).

„Auch der Artikel 15 bringt eine interessante Neuerung. Solange die Frau nicht selbst bestätigt hat, ihr *mahr*, falls es aus beweglichen Dingen besteht, erhalten zu haben, und solange ihr Vertreter keinen schriftlichen Beweis für die Übergabe vorlegen kann, wird ihm nicht geglaubt. Damit wollen die Gesetzgeber ganz offensichtlich das vielgeübte Verfahren bekämpfen, daß die Verwandten das mahr einer Frau an sich nehmen und darüber verfügen" (Knabe 1977: 200).

Neben der Aufforderung zu einer eher schlichten Hochzeit wurde in Artikel 20 die Verheiratung Minderjähriger[143] durch einen Vormund, wenn sie sich zum Vorteil für diesen auswirkte, als rechtswidrig erklärt. In Artikel 24 wurde das Verbot aufgenommen, Witwen zur Wiederheirat zu zwingen (Grevemeyer 1990:

---

[143] Konkrete Angaben über den Zeitpunkt der Volljährigkeit lagen nicht vor. Siehe auch Kapitel 5.2 zur Mündigkeit (Anm. d. Verf.).

272-273). Die Regierung von Zahir Schah legte wie schon 1961 das Mindestheiratsalter in Artikel 3 erneut auf fünfzehn Jahre fest. Auch dass der Ehevertrag nicht zur Tilgung von Schulden genutzt werden dürfe beziehungsweise als Ausgleich in einem Konfliktfall, wurde nochmals bestätigt (Knabe 1977: 199-200). Ferner wurden materielle Forderungen an die Familie des Ehemannes verboten und Feierlichkeiten vor der Trauung für ungültig erklärt. Laut Artikel 33 durfte der Mann die Scheidung einreichen, das gleiche Recht wurde auch seiner Frau zugestanden. Als Ergänzung wurde in Artikel 36 darauf verwiesen, dass es unter bestimmten Voraussetzungen der Frau aufgrund der *sharî'a* gestattet sei, die Scheidung einzureichen (Knabe 1977: 199-200). Inwieweit diese Gesetze tatsächlich in die Praxis umgesetzt wurden, lässt sich aus der von mir verwendeten Literatur nicht erschließen.

9 Die Situation der Frauen von 1973-1979

Nach dem Sturz des Königs Zahir Schah 1973 folgte eine Phase der Machterweiterung von Daud Khan, der als Präsident der Republik Afghanistan alle Regierungsgewalt auf sich vereinigte. Während seiner Amtszeit stellte er das staatliche über das islamische Recht, versuchte die Landwirtschaft zu reformieren und überarbeitete das Heiratsgesetz. Für die Frauen war diese politische Phase durch die Aufnahme der Frau in den Verfassungstext mit einer öffentlichen Aufwertung verbunden. Es stellt sich hierbei die Frage, ob und wenn ja, welche reellen Veränderungen die Erwähnung der Frauen für diese mit sich brachte. Als nach einem gewaltsamen Putsch 1978 Noor Muhammad Taraki und ein Jahr später Hafizullah Amin an die Macht kamen, folgte eine Politik nach sozialistischem Vorbild. Erneut gab es Änderungen in den Richtlinien zur Eheschließung, die Landreform von Daud wurde erweitert, die Berufstätigkeit von Frauen gefördert und durch Alphabetisierungsmaßnahmen sollten die Menschen in die kommunistische Ideologie eingeführt werden. Zu hinterfragen ist jedoch, ob die von Taraki und Amin geforderte 'Gleichstellung' der Frauen einen realen Fortschritt für die Frauen bedeutete oder ob sie lediglich einem parteipolitischen Zweck diente.

Es bleibt anzumerken, dass die Literatur zu dieser politischen Phase in Bezug auf die Frauen eher begrenzt ist. Die Quellen stammen mehrheitlich, wie auch in den zwei Kapiteln zuvor, von Jan-Heeren Grevemeyer, Maliha Zulfacar, Renate Kreile und Fahima Rahimi. Ferner greife ich auf den Beitrag *„Afghan women in Peace, War, and Exile"* von Micheline Centlivres-Demont aus dem Jahr 1999 zurück. Sie studierte Politikwissenschaft und Anthropologie an der Universität in Neuchâtel (Schweiz). Ihre Feldforschungen führten sie unter anderem nach Indien, Pakistan und Afghanistan.

9.1 Die Republik Afghanistan

Nachdem Muhammad Daud Khan mithilfe der DVPA König Zahir Schah gestürzt hatte, schaffte er die Monarchie ab und ernannte sich zum Präsidenten der
Republik Afghanistan. Die DVPA spaltete sich aufgrund gesellschaftlicher Konflikte in zwei Gruppen auf. Während der "Parcham"-Flügel (Fahne) überwiegend aus städtischen Tadschiken bestand, kamen die Anhänger des "Khalq"-
Flügels (Volk)[144] ursprünglich aus ländlichen, paschtunischen Gebieten.[145] Mit
seinem Amtsantritt verfügte Daud Khan, der von 1973 bis 1978 als Präsident
regierte, dass ab dem 17. Juli 1973 die juristische Macht des ehemaligen Königs
an den Präsidenten übertragen wird und dass die Richter vom Justizministerium
vorgeschlagen sowie vom Staatspräsidenten gebilligt werden müssen. Ferner
sollten Gerichtsverfahren nach den Wertvorstellungen der Republik beurteilt
werden, und nur in Ausnahmefällen sollte das islamische Recht gelten. Hiermit
wurde das staatliche dem religiösen Recht übergeordnet (Grevemeyer 1990:
190-191).

> „Artikel 1 definiert: ‚Gibt es in den staatlichen Gesetzen Vorschriften,
> so sind die entsprechenden Bestimmungen des religiösen Gesetzes
> nicht anzuwenden' (Qanun-e madani: 1356/1977)" (Grevemeyer
> 1990: 191).

Theorie und Praxis unterschieden sich jedoch hinsichtlich der rechtlichen Relevanz; die geringe Zahl von Straftaten einer veröffentlichten Studie lässt die
Schlussfolgerung zu, dass viele Straftaten durch Mittelsmänner oder Dorfgeistli-
che geregelt wurden und eher das Gewohnheitsrecht zur Anwendung kam (Grevemeyer 1990: 191-193).

Neben den juristischen Neuerungen wurde auch die Landwirtschaft mit einem
Erlass Ende 1975 reformiert. In den Gesetzen der Landreform wurde festgelegt,
wie viel Land eine Familie besitzen durfte und wie das eingezogene Land unter

---

[144] Offiziell waren Parteien zu dieser Zeit nicht zugelassen. Die Begriffe „Khalq" und „Parcham" waren gleichzeitig Namen zweier Zeitschriften. Während Noor Muhammad Taraki dem "Khalq"-Flügel
angehörte, stand Babrak Karmal dem "Parcham"-Flügel nahe (Grevemeyer 1980: 147-148).
[145] Schetter: http://www.fes.de/ipg/ipg2_98/artschetter.html.

Nomaden, landlose Pächter oder Landarbeiter aufgeteilt werden sollte. Die Landreform ließ jedoch einige Aspekte außer Acht; beispielsweise wurden die Verschuldung der Bauern gegenüber den Großgrundbesitzern sowie die Höhe der Entschädigungssumme nicht erwähnt (Grevemeyer 1990: 115-117) Daud Khan ließ keine oppositionellen Gruppierungen zu; Angestellte der Regierung, die kommunistischen Gruppierungen nahe standen, versuchte er politisch ruhig zu stellen. Doch aufgrund des Drucks vonseiten der Sowjetunion konnte Daud Khan seine politischen Gegner nur begrenzt verhaften lassen. Seine ehemaligen Anhänger sonderten sich von ihm ab und Daud verlor seinen politischen Einfluss. Die Macht der Regierung ließ ebenso wie die öffentliche Sicherheit nach. Am 27. April 1978 kam es zu einem Militärputsch der DVPA, viele der ehemaligen Anhänger Dauds beteiligten sich an der neuen Regierung (Zulfacar 1998: 15).

9.1.1 Frauen unter der Präsidentschaft von Daud Khan (1973-1978)

Die Verfassung von 1977 sprach die Frauen direkt an. Während es 1964 noch hieß, dass alle Afghanen die gleichen Rechte hätten und vor dem Gesetz gleich seien, stand in der Verfassung von 1977 explizit, dass alle Afghanen, sowohl Männer als auch Frauen, gleiche Rechte und Pflichten hätten. Von diesem Gesetz ausgehend, konnten weitere Richtlinien, auch für die Frauen, abgeleitet werden. Das Rechtssystem wurde säkularisiert und orientierte sich an westlichen Richtlinien (Grevemeyer 1990: 265-266).

> „Zumindest in den Augen der Regierungen besaßen die Frauen Afghanistans nun die volle rechtliche Gleichheit gegenüber dem Mann. Die veränderten Bedingungen der afghanischen Politik (Entwicklungshilfe) und die Säkularisierung des Rechts hatten zu einer systematischen Definition der Rechte und Pflichten afghanischer Frauen geführt. Die Basis der Gesetzgebung und die damit für verbindlich geltenden Verhaltens- und Moralnormen waren von westlichem Geist geprägte Bestimmungen" (Grevemeyer 1990: 265).

Ein weiterer Schritt zur 'Gleichberechtigung' war die juristische Ausbildung der Frauen. Frauen studierten Islamische Rechtsprechung und arbeiteten an verschiedenen Gerichten. Hakima Mustamundi war die erste afghanische Juristin. In ihrer Dissertation, die sie in Paris verfasste, beschäftigte sie sich mit dem Thema Kindesmisshandlung. Nach ihrer Rückkehr nach Afghanistan war sie für verschiedene Rechtsinstitutionen tätig. Shayesta Nawabi war eine der ersten Richterinnen Afghanistans und arbeitete am Jugendgericht in Kabul (Rahimi 1986: 101-105).

Im Jahr 1977 wurden die Heiratsgesetze erneut ergänzt und verändert, wobei die vertragliche Regelung nach westlichem Vorbild im Vordergrund stand. Islamische Werte und Traditionen wurden in diese Gesetze kaum einbezogen. Die Scheidung konnte von diesem Zeitpunkt an sowohl von der Frau als auch vonseiten des Mannes eingereicht werden. Ferner gab es Regelungen für den Unterhalt sowie für die Kinder aus geschiedenen Ehen. Die Polygamie wurde im religiösen Rahmen akzeptiert, jedoch mit dem Hinweis, dass die Frau bei ungleicher Behandlung das Recht hatte, eine Klage einzureichen (Grevemeyer 1990: 272-273).

Trotz der verschiedenen Reformerlasse waren die Frauen auch weiterhin benachteiligt, besonders im privaten Bereich, etwa bei der Wahl des Ehepartners oder in Bezug auf das Scheidungs- und Eigentumsrecht. Die Zugeständnisse, die bereits durch das islamische Recht festgelegt waren, wurden selten in die Praxis umgesetzt. Häufig scheiterte es an der fehlenden Unterstützung durch männliche Familienmitglieder (Rahimi 1986: 96-101). Für die geistliche Elite, die sich bereits unter Amanullah gegen seine Reform zur Wehr setzte und bis nach dem Zweiten Weltkrieg als kulturelle und recht sprechende Elite betrachtet wurde, veränderte sich die Lage mit dem Regierungsantritt von Daud Khan. Von diesem Zeitpunkt an wurden sie nur noch als kulturelle Elite geduldet. (Grevemeyer 1990: 275-276).

9.2 Der Putsch von 1978

Mitglieder der DVPA putschten 1978 gegen Daud, den sie ermordeten, und riefen die Sozialistische Volksrepublik Afghanistan aus. Als das kommunistische Regime an der Macht war, machte es keine Unterschiede zwischen gemäßigten und fundamentalistischen Kräften innerhalb der islamischen Gruppierungen; alle religiösen Institutionen und Strömungen wurden bekämpft. Auch die *'ulamâ'*, die bislang unpolitisch war, wurde diffamiert, sodass sie sich dem Widerstand anschloss (Pohly 1992: 133-134). Die Widerstandsbewegung setzte sich aus Studenten, Dorfgemeinschaften und Mitgliedern verschiedener 'Sufiorden' zusammen (Pohly 2002: 27-28). Das kommunistische Regime versuchte, massiver als Daud, in die sozialen Strukturen der Dörfer einzugreifen und seine Ideologie durchzusetzen. Die Landreform und die Abschaffung des Brautpreises führten zu starken Protesten in der Bevölkerung. Das traditionelle System der reziproken Beziehung von Patron und Klient[146] wurde vonseiten der Regierung falsch bewertet und ignoriert. Das aggressive Auftreten der kommunistischen Herrscher in Kabul vergrößerte die Kluft zwischen Zentralregierung und dörflicher Bevölkerung (Zulfacar 1998: 16).

9.2.1 Noor Muhammad Taraki und Hafizullah Amin (1978-1979)

Taraki wurde im Januar 1965 zum Generalsekretär der DVPA gewählt; sein Rivale Babrak Karmal erhielt die Position als Stellvertreter. Nach der Teilung der DVPA in den "Parcham"- und "Khalq"-Flügel wurden 1977 beide Gruppen unter Taraki wieder vereinigt.[147] Als Taraki 1978 Präsident des Revolutionsrates wurde, widerrief er die Verfassung von 1977 und es kam zu einer Reihe von Reformerlassen (Centlivres-Demont 1999: 343). Ziel der Regierung Taraki war es, die feudalen Verhältnisse und die in ihren Augen ungerechten Gesellschafts-

---

[146] Bei dem Patron (überlegen)-Klient (unterlegen)-Verhältnis kommt es zu einem asymmetrischen Austausch, bei dem der Patron Ressourcen anbietet und der Klient als Gegenleistung für die Beteiligung an den Ressourcen seine Dienstleistung und Loyalität anbietet. Beide Parteien profitieren von dem Verhältnis und gehen diese Beziehung aus politischen, wirtschaftlichen oder religiösen Motiven ein (Beer 1999: 284).

[147] O. A.: http://www.afghanistan-seiten.de/afghanistan/bios_inhalt.html.

strukturen abzuschaffen, eine unabhängige Wirtschaft aufzubauen sowie die Verbesserung der Lebensverhältnisse zu erreichen. Diese Reform unterschied sich von vorherigen Ansätzen durch die eindeutige Anlehnung an die sozialistischen Länder. Die Agrarreform von Taraki, bei der die Dorfältesten und traditionellen Führer entmachtet wurden, war der Versuch, eine sozial gerechte Basis für die Unterschicht des Dorfes zu schaffen. Bei dieser Landreform wurde beispielsweise für jede Familie eine Obergrenze des Landbesitzes festgelegt; jeden Grundbesitz, der über die Grenze von sechs Hektar hinausging, eignete sich der Staat ohne Entschädigung an, um den Boden dann innerhalb der Bevölkerung umzuverteilen (Grevemeyer 1990: 118-124). Die gesellschaftlichen Veränderungen durch die Reform, die auch mithilfe von Gewalt durchgesetzt wurde, und die politische Präsenz Tarakis, der das Amt des Parteiführers, Premierministers und Präsidenten in einer Person vereinigte, förderten die Widerstandsbewegungen. Nach Auseinandersetzungen zwischen den ehemaligen Verbündeten Noor Muhammad Taraki und Hafizullah Amin gab Taraki im März 1979 seine Position als Premierminister auf; Amin übernahm dessen Amt. Im September desselben Jahres, nach Verhaftungen und Exekutionen politischer Gegner, putschte Amin gegen Taraki und wurde Präsident. Innere Unruhen mit zivilen Opfern und die Bitte der Opposition, die Sowjetunion möge eingreifen, führten im Dezember 1979 zum Einmarsch der sowjetischen Armee in Afghanistan. Nach ihrem Einmarsch setzte die UdSSR eine neue Regierung ein, die von Babrak Karmal, der 1965 die DVPA mitbegründet hatte, geleitet wurde. Babrak Karmal war von 1979 bis 1986 Präsident der Demokratischen Republik Afghanistan.[148] Doch bereits von Beginn an hatte die Regierung eine schwache Position hinsichtlich ihrer Legitimation. Die Bevölkerung sah in ihr eine 'Marionettenregierung', die die Interessen der Besatzer repräsentierte. Alle zentralen Bereiche waren von sowjetischen Ratgebern besetzt, sodass die eigentliche Regierung tatsächlich über keine Macht verfügte (Grevemeyer 1988: 45).

---

[148] O. A.: http://www.afghanistan-seiten.de/afghanistan/bios_inhalt.html.

9.2.2 Taraki und Amin - Förderer der Gleichberechtigung?

In Artikel 12 legte der Revolutionsrat kurz nach dem Putsch 1978 die Gleichheit von Mann und Frau in allen sozialen, ökonomischen sowie kulturellen Bereichen fest (Centlivres-Demont 1999: 344). Unter der Regierung von Amin und Taraki wurden im Oktober 1978 fünf Artikel verfasst, in denen Vorgaben zur Hochzeit enthalten waren. Die Eheschließung wurde durch diese Artikel zu einer Angelegenheit zwischen Braut und Bräutigam. Laut Artikel 1 durften Familienangehörige kein Geld und keine Güter für ihre Tochter annehmen. Der Brautpreis wurde erneut verboten (Grevemeyer 1990: 273). Die obere Grenze für das *mahr* gab die Novelle mit 300 Afghani[149] an. Artikel 7 enthielt auch das Verbot einer erzwungenen Hochzeit und eine Festsetzung des Hochzeitsalters der Frauen auf sechzehn Jahre, der Männer auf achtzehn Jahre. Ein Verstoß dagegen konnte mit drei Jahren Gefängnis geahndet werden. In den weiteren Ausführungen des Artikels wurde die traditionelle Hochzeit als ein Symbol der Abhängigkeit und als ein Rückfall in 'vormoderne' Zeiten deklariert. Nicht nur die Männer protestierten gegen diesen Artikel, sondern auch viele Frauen beteiligten sich am Protest, da diese sich durch das herabgesetzte *mahr* in ihrem Wert und ihrem Status verletzt sahen. Viele Afghaninnen sahen ihre Bedeutung innerhalb des Tauschsystems zwischen den Familien bedroht. Bereits getroffene Ehevereinbarungen wurden zum Teil wieder aufgelöst (Kreile 1997: 404-407). Der Eheschließung sollten Mann und Frau freiwillig zustimmen. Auch diese Bestimmung existierte bereits zuvor. In den Gesetzen, die von Taraki und Amin erlassen wurden, galt die Frau als gleichberechtigter Vertragspartner und konnte im Falle einer Scheidung Unterhaltszahlungen fordern. Diese Gesetze standen nicht mehr im Einklang mit dem islamischen Recht, sondern basierten einzig und allein auf dem bürgerlichen Recht. Offen blieb, wie viele Bürger von den Rechten tatsächlich profitierten oder ob diese Rechte nicht nur einer kleinen Minderheit zugute kamen (Grevemeyer 1990: 273). Mit propagandistischen Mit-

---

[149] Grevemeyer gibt den Wert mit 20,--DM an (Grevemeyer 1990: 273).

teln versuchten Taraki und Amin ihre Reform durchzusetzen und ihre eigenen Vorstellungen zu verwirklichen. In Schulbüchern wurden beispielsweise weltliche, demokratische Ideale dargestellt. Die religiösen Führer kritisierten die Methoden und die Inhalte des Unterrichts, da in den meisten Texten der Kommunismus und die Revolution positiv verklärt wurden, der Islam jedoch wenig bis keine Beachtung erfuhr. Zwar gab es bereits unter Zahir Schah in den Büchern menschliche Darstellungen mit westlicher Kleidung und Körpersprache, Taraki und Amin gingen jedoch in diesem Punkt deutlich über Zahir Schahs Reformansätze hinaus und negierten die Tradition vollständig (Centlivres-Demont 1999: 343-346).

> "By conducting its campaign for adult and female literacy without taking into account traditions and religious beliefs, the governments of Taraki and Amin ignored one of the most sensitive points in Afghan society. The results of the campaign (1978-79) were almost nil" (Centlivres-Demont 1999: 346).

Die Klassen, in denen die kommunistische Ideologie vermittelt wurde, folgten selten einer Geschlechtertrennung. Die Berufstätigkeit der Frauen erfuhr eine starke Forcierung, häufig jedoch kam es zu einer Politisierung der Frauen, die auf Massenorganisationen der Regierung präsentiert wurde (Kreile 1997: 404-407).

Ziel war es, die traditionelle Gesellschaft grundlegend umzugestalten, in die feudalen Verhältnisse in den ländlichen Gebieten einzudringen und sie aufzulösen. Die Reform erfolgte jedoch ohne Einbeziehung des Volkes durch den Staat. Durch Veränderungen der Familien- und Geschlechterverhältnisse versuchte die damalige Regierung, ihre Macht weiter auszudehnen. Die Landwirte und die Frauen sollten die nicht vorhandene Arbeiterklasse ersetzen, um den sozialen und politischen Wandel voranzutreiben.

Die Reform wurde nur von einer Minderheit der eher westlich orientierten Elite Afghanistans angenommen, nicht aber von der dörflichen Gesellschaft (Centlivres-Demont 1999: 344-345).

"As Nancy Tapper (1984, 305) put it, 'Given that the marriage reforms are themselves derived by an Afghan elite from a First World ideology of production and gender roles, it is unlikely that these goals will be realized even if linked with substantial reforms in other areas. [...].' Even in the Kabul of Najibullah, girls questioned by a journalist of the *Washington Post* (1987) declared they would accept an arranged marriage with the condition that they be consulted" (Centlivres-Demont 1999: 344, 345).

Die Mehrheit der Frauen lebte weiterhin nach den Traditionen. Für sie war es beispielsweise selbstverständlich, dass die Eltern die Eheschließung organisierten und den Partner auswählten. Unterschiede gab es nur abhängig von Region und Ethnie. Während die Frauen in Herat als 'gleichberechtigte' Partner betrachtet wurden, zeigten sich die Frauen in Badakhschan auch verschleiert nur selten in der Öffentlichkeit. Ziel des Emanzipationsprozesses in Afghanistan, der nicht mit der Emanzipation im westlichen Sinne zu vergleichen ist, war nicht die generelle Gleichstellung der Frauen, sie war Teil einer allgemeinen Modernisierung auf technischer und bürokratischer Basis. Die Frauen dienten in erster Linie als Arbeitskräfte für die Industrie und den Dienstleistungssektor. In einem Kommentar zu dem neuen Gesetzesentwurf beschwor Taraki die Gleichstellung der Frauen. Taraki stellte die Frauen in den Mittelpunkt und wies darauf hin, dass es nur mit ihnen möglich sei, die Gesellschaft neu zu formieren (Grevemeyer 1990: 273-275).

„Das in die Form eines ‚königlichen Erlasses' [111] gekleidete Gesetz richtete sich an alle bislang in ‚feudalen' Verhältnissen gefangenen Frauen. Als hoheitlicher Akt verlangte es die widerspruchslose Anerkennung seines Inhalts – eine Einstellung, die im Kommentar Tarakis durchscheint: [...]. ‚Afghanische Frauen können aktiv und kreativ in allen Lebensbereichen teilnehmen, seien sie ökonomischer, politischer, sozialer oder kultureller Art. Jetzt können sie mit jenen einen konstruktiven Beitrag leisten, die die neue Gesellschaft aufbauen – eine Gesellschaft ohne Unterdrückung von Menschen durch Menschen [...]'" (Grevemeyer 1990: 275).

Die Reform folgte keinem langsamen Entwicklungsprozess, sondern sollte schnell und mit allen Mitteln durchgesetzt werden. Die geistliche Elite wurde dabei nicht mehr als Bestandteil der neuen Gesellschaft betrachtet. Unter dem Regime von Taraki und Amin entwickelt sich die Duldung zu einer Ablehnung der geistlichen Elite, was dazu führte, dass diese sich bereits unter Taraki und Amin sowie später unter der sowjetischen Besatzung von politischen Ideen leiten ließ und viele der religiösen Führer zu politischen Führern wurden und sich am Widerstand beteiligten (Grevemeyer 1990: 275-276).

Die Menschen wehrten sich gegen diese Ideologie, die sich gegen sie richtete und die als 'gottlos' bezeichnet wurde. Der Widerstand weitete sich aus und schloss sowohl die Pächter und Bauern als auch die traditionelle Elite ein. Für die Frauen bedeuteten die dörflichen Strukturen nicht nur Abhängigkeit und Unterwerfung, sondern sie dienten auch dem Schutz und einem materiellen Rückhalt. Die von vielen Frauen gewünschte Emanzipation wurde gleichgesetzt mit der Kabuler Zentralmacht und dem 'gottlosen' Kommunismus (Kreile 1997: 404-407).

10 Die Situation der Frauen von 1979-1994

Im Verlauf dieses Kapitels möchte ich der Frage nachgehen, wie sich die Situation für die Frauen unter dem Einfluss eines kommunistischen Regimes und unter der sowjetischen Besatzung gestaltete. Diese politische Phase umfasst den Zeitraum von 1979 bis 1989. In dieser Zeit waren die Frauen in allen Arbeitsbereichen vertreten und engagierten sich in Frauenorganisationen, die jedoch unter dem Einfluss der Partei standen. Dort wurde ihnen in verschiedenen Kursen unter anderem Lesen und Schreiben beigebracht, wobei unterschwellig sozialistische Anschauungen vermittelt werden sollten. Der zweite Teil des Kapitels befasst sich mit der Frage, ob und inwiefern die Herrschaft der Mujahedin die bereits erworbenen 'Freiheiten' wieder einschränkte. Zeitlich bezieht sich diese Phase auf die Jahre 1989, den Abzug der sowjetischen Armee, bis 1994, als die Taliban-Herrschaft begann.

Die Literatur, auf die ich mich in diesem Kapitel stütze, stammt zum einen von bereits angeführten Autoren wie Jan-Heeren Grevemeyer, Fahima Rahimi, Michael Pohly, Micheline Centlivres-Demont, John J. Schulz und Linda Schulz sowie von Nancy Hatch Dupree. Valentine M. Moghadam, die sich unter anderem mit der Geschlechterpolitik des Nahen und Mittleren Ostens beschäftigt, setzt sich in dem Artikel *"Building human resources and women's capabilities in Afghanistan: A retrospect and prospects"* von 1994 mit der Bildung von Mädchen und Frauen auseinander. Dieser Aspekt wird auch von Parwin Ali Majrooh in dem Artikel *"Afghan women between Marxism and Islamic fundamentalism"* aus dem Jahr 1989 aufgegriffen. Jan Goodwin stellt in dem Buch *„Der Himmel der Frau ist unter den Füßen ihres Mannes"* von 1994 neben der allgemeinen politischen Situation auch persönliche Erfahrungen dar.

10.1 Afghanistan unter sowjetischer Besatzung 1979-1989

Im Frühjahr 1979 begann die islamische Opposition, sich vehement gegen die kommunistische Regierung zu wehren. Der Widerstand richtete sich gegen die Reformerlasse und die Säkularisierungspolitik Noor Muhammad Tarakis und Hafizullah Amins. Auch die Schulpflicht für die Frauen wurde von einem Großteil der Bevölkerung abgelehnt. Viele Männer fürchteten den Machtverlust und sahen *purdah* in Gefahr. Im September 1979 kam es zur Ermordung von Präsident Taraki durch seinen Stellvertreter Hafizullah Amin, der wiederum von Babrak Karmal getötet wurde. Drei Monate später erfolgte die sowjetische Invasion, offiziell auf Wunsch Karmals. Zu dem anfänglich anti-zentralistischen Widerstand kam mit dem Einmarsch der sowjetischen Truppen im Dezember 1979 auch der Widerstand gegen die Besatzer. Der sowjetische Einmarsch führte zu einer starken Migration in Nachbarländer wie etwa Pakistan oder Iran sowie zu großen Flüchtlingsströmen innerhalb Afghanistans. Die ökonomischen Strukturen brachen zusammen, alte Loyalitätsstrukturen wurden aufgelöst. Grob können zwei Ausrichtungen der Widerstandskämpfer unterschieden werden: Zum einen die Anhänger des traditionellen Islams, die sich wiederum aus orthodoxen Muslimen sowie den Sufis zusammensetzten, deren Ziel es war, die alten Verhältnisse wieder herzustellen und den 1973 gestürzten König Zahir Schah erneut in das Amt einzusetzen. Die zweite Gruppierung umfasste islamische Fundamentalisten sowohl schiitischer als auch sunnitischer Ausrichtung. Soldaten, Kaufleute und Beamte aus dem Verwaltungsapparat schlossen sich den anfangs unorganisierten Widerstandskämpfern an, sodass sich dadurch auch auf Führungsebene die Strukturen änderten.

Der darauf folgende Krieg vernichtete fast die gesamte Infrastruktur; etwa 60% des Gesundheitssystems sowie 2000 Schulen wurden zerstört, etwa fünf Millionen Menschen flohen nach Pakistan und in den Iran[150]. Schätzungsweise 300.000 Menschen erlitten Verletzungen, rund eine Million Afghanen verloren

---

[150] Cutts gibt die Zahl der Flüchtlinge bis Ende 1990 mit 6.3 Millionen an (Cutts 2000: 131-132).

ihr Leben. Die meisten Toten waren Männer zwischen 20 und 25 Jahren. Die Zahl der Witwen und Waisen stieg an, und 1990 bestand mehr als die Hälfte der Bevölkerung aus Frauen (Grevemeyer 1990: 128-137).

Nach dem Tod der Präsidenten Noor Muhammad Taraki und Hafizullah Amin wurde 1979 Babrak Karmal eingesetzt. Im Jahr 1986 wurde Karmal durch Najibullah ersetzt, der sich gegen den vermehrten Widerstand der Mujahedin durchzusetzen versuchte. Diese verweigerten jedoch Verhandlungen mit der von Moskau eingesetzten Regierung. Die sowjetische Armee verließ das Land schließlich im Februar 1989. Die Mujahedin wählten Sibhhatullah Mojadidi als Regierungsoberhaupt im Exil.[151]

10.1.1 Frauen unter der kommunistischen Regierung

In den Gebieten, die unter dem Einfluss der Kabuler Regierung[152] standen, waren Frauen in allen Arbeitsbereichen tätig. Hier hatten 150 Frauen eine Geschäftserlaubnis, schätzungsweise 7300 Frauen waren in Berufs- und Bildungsinstitutionen tätig und 25.000 Frauen waren in der Industrie beschäftigt. Neben den klassischen Frauenberufen wie Lehrerin, Krankenschwester oder Bankangestellte waren Frauen auch in höheren Positionen vertreten. Ihr Arbeitsgebiet umfasste Institutionen der Regierung, Radio und Fernsehen, Presse oder technische Bereiche. Selbst in der Armee und im Geheimdienst waren Frauen zu finden (Moghadam 1994: 864-866).

> "There were women soldiers and officers in the regular armed forces, as well as in the militia and Women's Self-Defense (Defense of the Revolution) Units. Women were also found in security, intelligence, and the police agencies, [...]" (Moghadam 1994: 866).

Um den Traditionalisten entgegenzukommen, wurden in den Schulen Jungen und Mädchen getrennt, wobei Mädchen nur von Lehrerinnen unterrichtet wurden. Im Berufsleben gab es jedoch keine Geschlechtertrennung (Moghadam 1994: 866). Mitte der 80er Jahre waren laut Moghadam rund 65% der 7000 Stu-

---

[151] Ansari: http://www.uni-karlsruhe.de/~afghan/d/gesch/geschich.htm.
[152] Hierzu zählten Kabul und 23 Städte mit jeweils über 20.000 Bürgern (Moghadam 1994: 865-866).

denten an der Universität in Kabul weiblich. Die Regierung versuchte alle Ethnien zu integrieren; das Unterrichtsmaterial wurde in den verschiedenen Sprachen vom Bildungsministerium herausgegeben und Unterricht in den verschiedenen Sprachen der jeweiligen Ethnien war möglich (Moghadam 1994: 865-869).

Neue Organisationen, die sich für die Belange der Frauen einsetzten und oft politisch instrumentalisiert wurden, entstanden. Die AWWA (Afghan Women's Welfare Association), die bereits 1946 gegründet wurde und dem Ministerium für Bildung unterstand, bot den Frauen Kurse in Hauswirtschaft, Maschine schreiben oder Fremdsprachen an. Die Organisation war zwar unpolitisch, bot ihre Leistungen jedoch vorrangig der städtischen und politischen Elite an. Die ländliche Bevölkerung wurde hingegen vernachlässigt. Unter der sowjetischen Besatzung wurde diese Organisation in AWDO (Afghan Women's Democratic Organisation)[153] umbenannt und orientierte sich nun an der marxistischleninistischen Ideologie. Eine neue Organisation, "Russian-Afghan Women's Friendship Society" genannt, wurde gegründet, um Frauen für die staatliche Geheimpolizei zu rekrutieren (Majrooh 1989: 94-95).

> "The main objectives of the organisation were to provide orientation to Marxist-Leninist ideology, to promote the programmes and policies of the regime, and to recruit and train women for the state secret police (KHAD). A new branch, called the "Russian-Afghan Womens's Friendship Society", was also included. This new branch gave the Russians a free hand in bringing the activities of the organisation under control" (Majrooh 1989: 95).

Unter dem Vorwand der Gleichstellung von Mann und Frau benutzte das kommunistische Regime die Frauen für ihre politischen Ziele. Die Eingliederung von Frauen in militärische Bereiche wurde als ein 'Fortschritt' für die weibliche Bevölkerung dargestellt. Viele der intellektuellen Frauen lehnten jedoch diese Form der Emanzipation ab, emigrierten in das Ausland, nahmen am politischen

---

[153] Nach Auswertung aller verwendeten Quellen ist davon auszugehen, dass die AWDO und die in Centlivres-Demont genannte DOAW beziehungsweise WDOA identisch sind (Anm. d. Verf.).

Leben nicht teil oder stellten sich aktiv gegen das kommunistische Regime. Im Widerstand wurden sie jedoch von den Mujahedin nicht akzeptiert, da diese die gebildeten und 'westlich' beeinflussten Frauen als 'unislamisch' betrachteten (Majrooh 1989: 96.98).

Bei einem Besuch der WDOA (Women's Democratic Organization of Afghanistan) informierte sich die Journalistin Jan Goodwin über deren Ziele. Bildung, Erziehung, Wohlfahrtsarbeit und die 'Befreiung' vom Schleier standen im Vordergrund. Jedoch konnte die Organisation nach fünfjähriger sowjetischer Besatzung nur halbjährige Lese- und Schreibkurse vorweisen (Goodwin 1994: 116-118). Zwei weitere Organisationen wurden nach 1978 gegründet, die "Peace, Solidarity and Friendship Organization" und die "Union of Martyrs' Wives and Mothers", die sich um Frauen kümmerte, die ihren Mann, ihren Bruder oder Sohn im Zuge der Revolution verloren hatten. Damit übernahm das kommunistische Regime die Idee des aus dem Islam bekannten Märtyrers, *shahîd*[154] (Cent-livres-Demont 1999: 349-352).

Auf einer Konferenz der DOAW (Democratic Organization of Afghan Women) 1980, dem ersten internationalen Symposium für Frauen, das in Afghanistan veranstaltet wurde, versprach die Partei, Kindergärten, Schulen und Krankenhäuser weiter auszubauen und betonte, dass Frauen aktiv am sozialen Leben teilhaben sollten, um eine neue Gesellschaft zu gründen. Auch Nancy Hatch Dupree weist in ihrem Artikel darauf hin, dass sich die Frauenbewegung in Afghanistan von den männlichen Machthabern und dem kommunistischen Regime manipulieren ließ (Dupree 1981: 18-19). Die Arbeit der Frauen in den verschiedenen Bereichen wie etwa Krankenhäusern, Büchereien und in der Armee wurde von der Regierung positiv in den Vordergrund gestellt. Junge Arbeiterinnen

---

[154] Arabisches Wort für „Märtyrer" im religiösen und übertragenen Sinn (Schregle 1977: 805). Dieser Begriff kommt im Koran nur indirekt vor als eine Belohnung, die der Märtyrer beim Einsatz seines Lebens erhält (Halm 2001: 88). Während die Selbsttötung im sunnitischen Islam eigentlich als Sünde betrachtet wird, gibt es im schiitischen Islam den Märtyrer-Tod, der erstmalig während des Krieges zwischen dem Iran und dem Irak (1980 bis 1988) politisiert wurde (Tibi: http://www.regjo.de/special/aktuell/intervtibi.htm).

erhielten verschiedene Auszeichnungen wie etwa „Heldin der Arbeit" (Centlivres-Demont 1999: 349-352). Auch in der DVPA waren Frauen wie Anahita Ratebzad, die kurzzeitig als Sozialministerin und danach als Bildungsministerin gearbeitet hat, vertreten. Beruflich gute Perspektiven boten sich jedoch fast ausschließlich den städtischen Frauen (Centlivres-Demont 1999: 352-353). Die Rechte der Frauen waren häufig mit Pflichten verbunden, und die Afghaninnen hatten nur selten die Möglichkeit, von wirklicher Macht zu profitieren. Ihre Vertretung in der sowjetischen Legislative erwirkte oft den Anschein, dass Frauen in besonderem Maß von dieser partizipierten. Jedoch hatte die Legislative in einem kommunistischen Regime generell kaum Möglichkeiten zur Einflussnahme; die einzige Ausnahme bildete damals Jugoslawien[155] (Richter 1983: 66-68).

Während die kommunistische Partei noch von einem Großteil der Bevölkerung unterstützt wurde, lehnte die Bevölkerung die Präsenz der sowjetischen Besatzungsmacht strikt ab. Junge Frauen, die noch revolutionäre Ziele verfolgten, schwiegen, desillusioniert durch die sowjetische Besatzung. Bei der Parade zur zweijährigen Revolution am 27. April 1980 kam es zu Ausschreitungen mit mehr als 70 Toten. Bei weiteren Demonstrationen wenige Monate später wurden viele Frauen und Mädchen festgenommen. Deren männliche Angehörige fühlten sich dadurch in ihrer Ehre verletzt. Besonders in Kandahar nahm der Schutz der Ehre drastische Formen an. Als russische Truppen in die Stadt kamen, töteten zwei Männer alle Frauen der Familie, um sie vor einer Verletzung der Ehre zu schützen. Die Mujahedin forderten die Frauen auf, den Schleier wieder anzulegen (Dupree 1981: 12-17).

10.1.2 Bildungspolitik im Sinne der Partei

Bereits in den 50er und verstärkt in den 70er Jahren gab es umfassende Kampagnen gegen die hohe Analphabetenrate. Ziel des kommunistischen Regimes

---

[155] In Ex-Jugoslawien existierte eine Räterepublik, in der die Wahl des Regierungsrates durch gewählte Volksvertreter erfolgte. Alle Sitzungen waren öffentlich, die Besetzung aller öffentlichen Posten einschließlich Verwaltung und Judikative erfolgte durch Wahl, es wurde Ämterrotation praktiziert. Basisgruppen und Räte übten legislative, exekutive sowie judikative Gewalt aus (Lösche 1998: 529-530).

war es, bis Ende 1979 rund vier Millionen Menschen das Lesen und Schreiben beizubringen. Mit der sowjetischen Besatzung wurden die Klassen jedoch nur noch zugänglich für die Kinder von Mitgliedern der kommunistischen Partei. Während bis Ende des Jahres 1978 die Schulen erweitert wurden, waren 1984 aufgrund des Krieges viele Schulen und Institutionen zerstört (Majrooh 1989: 89-91). So gab es 1978 noch 1451 Dorfschulen, 1984 existierte keine einzige mehr.[156] Ein Großteil der Schüler und Studenten floh aus den dörflichen Gegenden in die Hauptstadt. Lehrer wurden getötet oder flohen ins Ausland (Majrooh 1989: 89-90).

Nach dem Coup d'État[157] vom April 1978 erklärten die Führer der DVPA alle vorherigen Anstrengungen als subjektive Versuche, um die Vormachtstellung der Männer zu bewahren. Die Verfassung wurde aufgehoben; die langsame Entwicklung der Gleichstellung wurde zugunsten eines revolutionären Umbruches aufgegeben. Erklärtes Ziel war es, den Analphabetismus zu beseitigen und die familiären Bindungen aufzuheben (Rahimi 1986: 15-20). Die vorübergehende Verfassung vom 21. April 1980 griff verstärkt in das Privatleben der Familien ein. Mit Artikel 15 wollte der Staat die Gesundheitsfürsorge von Mutter und Kind und die Erziehung regulieren. In dem Artikel wurde festgesetzt, dass der Staat alle Maßnahmen übernimmt, um die Gesundheit von Mutter und Kindern zu garantieren und für die Erziehung und Bildung der Kinder zu sorgen (Cent-livres-Demont 1999: 343-345).

Viele Frauen gingen in das Exil, da sie keine Einmischung in ihre familiären Angelegenheiten duldeten oder Angst hatten, der Ehre ihrer Familien zu schaden. Mitte der 80er Jahre gab es eine Vielzahl von Kindergärten, Schwesternschulen und Lehrerausbildungseinrichtungen. Auch die Zahl der Mädchenschulen in den Provinzen und der Anteil der Frauen an der Universität nahmen zu. Die begabtesten Studenten und Studentinnen wurden mit einem Studienaufenthalt in der UdSSR gefördert. Die Partei vermittelte ihr politisches Programm

---

[156] Siehe auch Tabelle 3 im Anhang (Anm. d. Verf.).
[157] Staatsstreich (franz.) (Anm. d. Verf.).

und ihre Ideologie bereits an Kleinkinder. Frauen und Mädchen protestierten gegen die sowjetische Besatzung durch das Anlegen des Schleiers sowie dadurch, dass sie sich in *purdah* zurückzogen oder aber auch die DVPA-Vorschriften missachteten, indem sie der allgemeinen Schulpflicht nicht nachkamen. Wieder andere nahmen an öffentlichen Demonstrationen teil, was sie oft mit Gefängnisstrafen büßen mussten (Rahimi 1986: 15-20).

Anfänglich sprach alles für einen Erfolg der Alphabetisierungskampagne, obwohl die von der Regierung angegebene Zahl von einer Million Menschen, die zwischen 1978 und 1983 einen Lese- und Schreibkurs beendet haben sollten, aus parteipolitischen Gründen zu hoch angegeben wurde. Rund 20.000 Kurse, von denen jedoch nicht bekannt ist, wie lange sie dauerten und welchen Inhalt sie hatten, wurden offiziell in der Zeit von 1978 bis 1985 organisiert. Die Regierung von Babrak trat jedoch weniger atheistisch auf als die von Taraki und Amin; Islamunterricht wurde wieder zugelassen. Damit zeigte sich die Regierung bereit, in gewissem Umfang auch mit den religiösen Kräften zu kooperieren. Durch den Versuch, den Islam zum Teil in die politische Ideologie zu integrieren, konnte die Regierung den Widerstand, der einen Alleinanspruch auf den Islam erhob, argumentativ schwächen. Die Dauer der Schulzeit bis zur Erlangung der Qualifikation für den Besuch einer Universität wurde verkürzt. Ebenso wurde die Dauer für ein Medizinstudium von sieben auf fünf Jahre reduziert. Russisch wurde von der 5. Klasse an unterrichtet und Naturwissenschaften, wie Mathematik, Biologie und die marxistischleninistische Ideologie standen im Vordergrund, der Koranunterricht wurde eher in den Hintergrund gedrängt. Die Universitäten waren Teil des politischen Systems. Den Studenten wurde auferlegt, in die DY-OA (Democratic Youth Organization of Afghanistan) einzutreten. Waren im Jahr 1976 1734 männliche und 316 weibliche Studenten an der Universität in Kabul eingeschrieben, so waren es im Jahr 1984 nur noch 753 männliche, aber 1030 weibliche Studenten. Der überproportional hohe Anteil von Frauen an den Universitäten, der ein falsches Bild des 'Fortschrittes' aufzeigte, erklärt sich dadurch, dass Männer zuerst ihren Militärdienst absolvieren mussten und viele von ihnen bei Kämpfen starben. Diese Ausführungen zeigen, dass die propagierte Emanzipation der afghanischen Frau kein wirklicher Fortschritt für die Frauen war, da nur eine kleine Gruppe der urbanen Elite davon profitieren konnte (Centlivres-Demont 1999: 343-350, 364).

10.2 Krieg und Widerstand 1989-1994

Die afghanische Widerstandsbewegung änderte mit dem Einmarsch der Sowjetunion im Dezember 1979 Ziel und Ausrichtung. Die Kämpfer stammten zum Großteil aus der ländlichen Bevölkerung und ihre Befehlshaber waren in der Regel traditionelle oder religiöse Führer. Der Widerstand war anfänglich nicht organisiert und hatte kaum ein politisches Programm. Die Rückbesinnung auf die Religion trat verstärkt in den Vordergrund. Ferner bildete sich ein afghanischer Nationalismus, der alle Ethnien umfasste. Gemeinsames Ziel war der Kampf gegen die Besatzung von außen, gegen das 'gottlose' Regime (Chaliand 1980: 49-51). 1992 stürzten die Mujahedin Präsident Najibullah, der 1986 Babrak Karmal ersetzt hatte, und riefen die Islamische Republik aus. Viele erhofften sich durch den Sturz einen friedlichen Wiederaufbau des Landes. Die Bevölkerung wurde jedoch enttäuscht, da die unterschiedlichen Mujahedin-Gruppen miteinander rivalisierten. Ein Teil dieser Mujahedin schloss sich in den 90er Jahren den Taliban, ein anderer Teil der Nordallianz an.[158] 1992 wurde Burhannudin Rabbani zum Präsidenten gewählt. Zwei Jahre darauf kam es zum Kampf der Mujahedin-Führer Dostum und Hekmatyar[159] gegen Rabbanis Regierung, Kabul wurde dabei größtenteils zerstört.[160]

10.2.1 Mujahedin

Der Widerstand rekrutierte sich hauptsächlich aus drei verschiedenen Bereichen: zum einen aus der Stadtbevölkerung, den Angehörigen der modernen Elite, die

---

[158] Hippler: http://www.jochen-hippler.de/Aufsatze/Afghanistan_Von_der_Volksdem/afghanistan_
[159] Anhänger Hekmatyars waren bekannt für Attentate mit Säure auf Frauen, die ihnen zu 'westlich' gekleidet waren (Goodwin 1994: 111).
[160] Ansari: http://www.uni-karlsruhe.de/~afghan/d/gesch/geschich.htm.

sich an westlichen Werten orientierte und Demonstrationen organisierte. Ihre Ideale und Ziele unterschieden sich jedoch von denen der Kabuler Zentralmacht. Die zweite Gruppierung des Widerstandes kam aus den Dörfern; ihr ging es in erster Linie darum, ihre Unabhängigkeit zu verteidigen. Oberstes Ziel war es für sie, gegen die zentralistische Regierung anzugehen und ihre eigenen Normen und Werte, etwa das Patron-Klient-Verhältnis, zu wahren. Die dritte Gruppe kam aus dem Ausland, vornehmlich aus Pakistan und dem Iran, von wo aus der islamische Widerstand organisiert wurde. Viele der islamistischen Widerstands-kämpfer schlossen sich zu Gruppierungen zusammen, die sie analog zu den sä-kularen Parteien als *ḥizb*[161] bezeichneten. Dieser Widerstand, der von außen for-ciert wurde, war ein fundamentalistischer Widerstand; Iran unterstützte die schiitischen Gruppierungen, während Pakistan die sunnitische Peschawarallianz einrichtete. Der städtische und dörfliche Widerstand hingegen verlor an Bedeu-tung (Pohly 1992: 116-119).

Neben den unterschiedlichen Zielen und Interessen gab es auch Unterschiede im Umgang mit dem Krieg zwischen den einzelnen Ethnien. Während sich für die Tadschiken neue hierarchische Strukturen bildeten, führte der Krieg bei den Paschtunen zu einer Verweigerungshaltung (Moos von 1996: 154-160).

> „Für die einen, Tadschiken u. a., bewirkt der Krieg neue, resp. verän-derte integrierende Organisationsformen über die Militarisierung der Gesellschaft im Widerstand. Für die anderen, Paschtunen, bewirkt Krieg Ausweichen und Verweigern eines aktiven Eingehens auf Krieg (bis hin zur Massenflucht)" (Moos von 1996: 160).

Nach der sowjetischen Besatzung konnten die Mujahedin ihre Macht erweitern. Im Zuge des Kalten Krieges unterstützten die USA die Mujahedin in ihrem Kampf gegen die Sowjetunion mit Waffen und finanziellen Mitteln von rund 4.5 Milliarden DM. Da Pakistan die Koordination der Hilfslieferungen beanspruch-te, wurde ein Großteil des amerikanischen Geldes an anti-amerikanische Fun-damentalisten weitergeleitet. Auch Saudi-Arabien unterstützte die Mujahedin,

---

[161] Arabisch für „Partei" (Anm. d. Verf.).

ließ das Geld jedoch nur Gruppen zukommen, die dem wahhabitischen Islam nahe standen. Weitere Hilfe kam von der Muslim-Bruderschaft[162], sodass auch der Kontakt zwischen Arabern und Afghanen gestärkt wurde. Die schiitische Bevölkerung beziehungsweise die schiitischen Mujahedin erhielten Unterstützung in Form von materieller Hilfe und religiöser Propaganda - auf Plakaten in Kabul war Ayatollah Khomeini abgebildet (Goodwin 1994: 108-111).

Nachdem sich die sowjetischen Truppen aus Afghanistan zurückgezogen hatten, zerfiel die Zweckgemeinschaft, die Widerstandsgruppen bekämpften sich gegenseitig und das Land wurde weiter zerstört. Die Menschen flohen vor Hunger und Krankheiten; die Infrastruktur und das soziale Gefüge wurden zerstört (Pohly 1992: 334-339). Nach und nach verloren die Mujahedin, auch durch Verletzung bestimmter Normen und Werte, wie etwa dem Umgang mit Frauen, den Rückhalt innerhalb der Bevölkerung (Pohly 1992: 383-385).

10.2.2 Frauen unter der Mujahedin-Herrschaft

Mit ihrem Machtantritt sprachen sich die Mujahedin gegen eine Schulpflicht für Mädchen aus, Bildung für Mädchen und Frauen wurde gleichgesetzt mit dem verhassten Kommunismus. Ein Grund für die hohe Analphabetenrate der Frauen war der frühzeitige Schulabbruch. Wie wichtig jedoch die Bildung der Frauen für die wirtschaftliche Situation eines Landes ist, stellte Blumberg im Jahr 1989 heraus. Er weist darauf hin, dass durch die Einbindung der Frauen in das gesellschaftliche Leben die Wirtschaft unterstützt werde und dass durch eine bessere Bildung der Frauen die Kindersterblichkeit sinke. Eine verbesserte Gesundheitsfürsorge wiederum sei fördernd für ein wirtschaftliches Wachstum. Viele Frauen, die über ein eigenes Einkommen verfügten, verwendeten dieses, um Lebensmittel für ihre Kinder und ihre Familie zu kaufen (Moghadam 1994: 859-861).

---

[162] Die Organisation wurde in Ägypten gegründet und ist in allen Ländern des Nahen Ostens aktiv. Ihr Ziel ist es, dass sich die arabischen Staaten am islamischen Recht orientieren (Anm. d. Verf.).

Unter der Mujahedin-Regierung erhielten die Frauen keinerlei Unterstützung hinsichtlich der Bildung. Wichtig für die Frauen war daher die Hilfe vonseiten der Familie und durch internationale Organisationen, etwa durch das SCA (Schwedisches Afghanistan Komitee). Ende 1991 unterhielt das SCA 486 Schulen in Afghanistan mit 85.000 Schülern, von denen jedoch 90% männlich waren. Viele der Mädchen hatten 1991 laut SCA die Schule abgebrochen. Nach dem ersten Jahr waren es 28%, nach dem zweiten Jahr 53%. 81% der Mädchen brachen nach dem vierten Jahr die Schule wieder ab. Als Gründe für das frühe Verlassen der Schule wurde angegeben, dass sie zu Hause als Arbeitskraft gebraucht würden oder dass sie ab ihrem zehnten Lebensjahr die Regeln von *purdah* beachten müssten. Häufig wurden die Mädchen schon auf ihre Hochzeit vorbereitet. Die religiösen Führer spielten eine wichtige Rolle und für viele Eltern war die Investition in Bildung eher zweifelhaft, sie zogen das Argument einer guten Hochzeit für ihre Mädchen vor. Des Weiteren wurde zu viel Bildung bei Frauen von Männern oft abgelehnt, sowohl von den Vätern als auch von den potenziellen Ehemännern (Moghadam 1994: 870-875).

Wie später bei der Machtübernahme der Taliban, so waren es damals schon die Frauen, die die Veränderungen zuerst spürten, als die Mujahedin 1992 den Islamischen Staat Afghanistan ausriefen. Frauen trugen keine kürzeren Röcke und keine hohen Absätze mehr, Fernsehansagerinnen bedeckten ihr Haar mit einem großen Tuch, was den Mujahedin jedoch nicht genügte. Sie verboten den Frauen, im Bereich Fernsehen und Rundfunk zu arbeiten und verlangten eine Verschleierung bis auf das Gesicht und die Hände.

> „Um sicherzugehen, verhüllten die Fernsehansagerinnen ihr Haar unter einer *dupatta*, einem Chiffon-Schal, der ein moderner Ersatz für den größeren *tschador* sein sollte. Als sie jedoch im Funkhaus ankamen, wurde ihnen mitgeteilt, daß die neue Regierung es den Frauen verboten hatte, im Fernsehen oder im Rundfunk zu arbeiten. Sie mußten sich von jetzt an völlig verschleiern, nur Hände, Füße und Gesicht durften frei bleiben. Die fanatischeren Gruppierungen verlangten, daß die Frauen sogar ihr Gesicht verhüllten. Die zeltähnlichen *burqas*, die

plötzlich in allen Basaren der Hauptstadt auftauchten, waren sehr schnell ausverkauft" (Goodwin 1994: 105).

Die Angaben bezüglich der Vorgaben der Mujahedin sind sehr widersprüchlich. Marsden verweist darauf, dass unter den Mujahedin Frauen nicht gezwungen waren, eine *burqa'* zu tragen. Sie war jedoch weit verbreitet und eher ein Phänomen der städtischen Bevölkerung. Die Frauen in den Dörfern trugen leichte kurze Tücher (Marsden 1998: 90-94).

Für die Frauen bedeutete das Mujahedin-Regime einen Verlust an althergebrachten Rechten. Bereits 1964 wurden die Rechte von Frauen und Männern in der Verfassung gleichgesetzt und im selben Jahr erhielten die Frauen das Wahlrecht. Die Mujahedin jedoch erlaubten nur noch den Männern, an Wahlen teilzunehmen. Besonders kritisierte Fatima Gailani, eine Vertreterin der „Nationalen Befreiungsfront für Afghanistan" in Europa, die sich noch an Zeiten erinnern konnte, als Frauen im Parlament vertreten waren, dass Frauen das Wahlrecht aberkannt wurde. Die neuen Machthaber ließen verlauten, dass Frauen nicht wählen dürften und dass Wahlen an sich nicht islamisch seien (Goodwin 1994: 106-116). Frauen wurden zum größten Teil aus dem öffentlichen Leben verbannt. Fatima Gailani versuchte, die Extremisten mit ihren eigenen Waffen, dem Islam, zu bekämpfen. Sie beklagte, dass Religionsführer mitunter mehr Macht hätten als die hiesigen Politiker. Auch dass muslimische Frauen sich mit Fachbereichen wie Medizin und Forschung zufrieden gäben und sich nicht ausreichend mit dem Islam befassten, prangerte sie an (Goodwin 1994: 102-107).

> „[...]. ‚Da man den gebildeten Frauen weisgemacht hat, sie könnten weder Richter noch Imame oder Prediger werden – was nicht der Wahrheit entspricht -, verlegten sie sich auf die Medizin, auf die Forschung, befaßten sich jedoch nie mit dem Islam selbst. Das haben wir den Männern überlassen. Jetzt beklagen wir uns über das große Unrecht, das man uns angetan hat. [...]'" (Goodwin 1994: 107).

Besonders vehement kritisierte Fatima die Einschränkung der Ausbildungsmöglichkeiten. Dass Bildung der Frauen gegen islamische Regeln verstoße, sei im

Koran nicht erwähnt; Ausbildung sei dort ausdrücklich gefordert (Goodwin 1994: 107-108). Diese Aussage wird durch folgende Sure 35, Vers 28 gestützt:

„[...]. Gott fürchten nur diejenigen von seinen Dienern, die Wissen haben (w. die Gelehrten von seinen Dienern). Gott ist mächtig und bereit zu vergeben" (Paret 1996: 771).

Die religiösen Führer der Widerstandsbewegung forderten die Afghanen dazu auf, den Frauen den Besuch eines Ausbildungsplatzes zu untersagen. In einer *fatwâ*[163] von 1990, die für die afghanischen Flüchtlinge erlassen worden war, wurde zwar darauf hingewiesen, dass Frauen und Männer eine Ausbildung absolvieren sollen, dass jedoch die Art des Lernens unterschiedlich sei und dass Mädchen und Frauen von ihren nächsten Angehörigen lernen sollten und dass momentan nicht der richtige Zeitpunkt wäre, Frauen auszubilden. Daraufhin wurden Schulen und Ausbildungsinstitutionen für die Frauen geschlossen. Bei ihrem Aufenthalt in Afghanistan lernte Jan Goodwin Laili kennen, deren Familie in den 70er Jahren Afghanistan verlassen musste, da Lailis Großvater ein Kritiker von Daud Khan war. 1988 kamen Laili und ihr amerikanischer Ehemann Roger mit der Familie nach Peschawar, wo sie für eine Hilfsorganisation arbeiteten. Als die Mujahedin an die Macht kamen, glaubte Laili, wie die meisten Afghanen, dass Afghanistan die Zeit der kriegerischen Auseinandersetzungen überstanden hätte. Sie schloss sich einer Gruppe rückkehrender Flüchtlinge an und ging nach Afghanistan, während der Mann mit dem dreijährigen Sohn in Peschawar blieb. Als Laili in Kabul ankam, konnte sie die Stadt kaum wieder erkennen, da viele Gebäude zerstört und ausgebrannt waren. Sie erlebte, wie Bücher verbrannt, Mädchenschulen überfallen und Kinos zerstört wurden. Die Innenstadt von Kabul wurde täglich von verschiedenen Widerstandsgruppen beschossen. Laili wollte, nachdem der Arbeitsvertrag ihres Ehemannes Roger abgelaufen war, zurück nach Amerika gehen. Ein Leben in Afghanistan konnte sie sich nicht mehr vorstellen (Goodwin 1994: 128-135). Das Land, das von den

---

[163] Arabischer Begriff für „Rechtsgutachten", das ein islamischer Gelehrter erstellt und das auf der Autorität desjenigen beruht, der es ausgestellt hat (Müller 2001: 95).

Mujahedin erobert wurde, wurde als okkupiert angesehen und die Bewohner entsprechend behandelt. Es kam zu einem Anstieg von Vergewaltigungen, Morden und Entführungen vieler Frauen. Viele Familien mit Töchtern im heiratsfähigen Alter wurden erpresst. Das Land war geprägt von Anarchie und Gewalt, was den Taliban später einen raschen Aufstieg ermöglichte.[164]

---

[164] RAWA: http://rawasongs.fancymarketing.net/wom-view_de.htm.

Fazit

Nach einer Zusammenfassung der einzelnen Kapitel sollen diese kurz erörtert werden. Die Bereiche Religion, Ehe, Bildung, Beruf und die Verschleierung als ein Symbol der muslimischen Frau werden diskutiert und offen gebliebene Fragen aufgegriffen. Abschließend wird untersucht, welche Tendenzen sich hinsichtlich der weiteren Entwicklung des Landes und der Stellung der Frau aufgrund der aktuellen Berichterstattung in den Medien abzeichnen.

Der Vielvölkerstaat Afghanistan, in dem über 50 verschiedene Ethnien und Religionsgemeinschaften leben, gehört seit über 20 Jahren zu den ärmsten Ländern der Welt. Lediglich 8% der 25 Millionen Einwohner leben in der Hauptstadt Kabul. Die quantitativ größte Gruppe stellen die Paschtunen, die als staatstragende Ethnie regelmäßig die Machtpositionen besetzten und unter anderem durch ihr Werte- und Normensystem *pashtûnwâlî* charakterisiert werden. Der Islam bildet die religiöse Basis des Landes, wobei der sunnitische Islam der hanafitischen Rechtsschule die meisten Anhänger hat. Die zweitgrößte religiöse Gruppe ist die der Schiiten. Auch der Sufismus, dessen Anhänger sich teilweise politisch engagieren, spielt in Afghanistan eine wichtige Rolle. Die Haupterwerbsquelle der Afghanen bildet die Landwirtschaft, deren Produkte gleichzeitig den Hauptteil des Exportes ausmachen. Kriege, die damit verbundenen Flüchtlingsbewegungen und die Zerstörung der Infrastruktur sowie Dürren führten zu einer instabilen ökonomischen Situation des Landes.[165] Dies wirkte sich auch auf das Bildungssystem aus; zwar wurde bereits 1923 das Recht auf Bildung gesetzlich verankert, doch lag die Zahl der Einschulungen in die Grundschule 1988 nur bei 24%. Unter den Taliban verschlechterte sich die Lage weiter, hier besonders für die Frauen und Mädchen, denen der Schulbesuch untersagt wurde.

Der Islam als gemeinsame Basis spielt für die afghanischen Frauen eine wichtige Rolle in sämtlichen Lebensbereichen. Durch den Islam wurden familienrecht-

---

[165] 2001 wurde der Norden des Landes zusätzlich von einer Heuschreckenplage heimgesucht, die einen Großteil der Saat vernichtete (Anm. d. Verf.)

liche Aspekte gegenüber den vorislamischen Lebensbedingungen, die etwa acht verschiedene Möglichkeiten von eheähnlichen Verhältnissen erlaubten, in eine feste Ordnung eingebunden. Diese Ordnung findet sich auch in allgemeinen Regeln und Verhaltensnormen der muslimischen Gesellschaft, beispielsweise in der Trennung der Geschlechter im öffentlichen und häuslichen Bereich. Die Rechtssprechung in der Geschichte Afghanistans basierte neben dem islamischen Recht auf dem westlichen Rechtssystem und dem Gewohnheitsrecht.

Bei der muslimischen Ehe handelt es sich um einen zivilrechtlichen Vertrag. Die Eheschließung in Afghanistan wird in der Regel durch die Eltern bestimmt, obgleich dies nicht der hanafitischen Rechtsschule entspricht, nach der einer erwachsenen Frau eine eigenständige Eheschließung erlaubt ist. Bei der Ehe, die vorwiegend monogam gelebt wird, bevorzugen die Afghanen die Endogamie und wählen für ihre Töchter gerne den Cousin väterlicherseits. Die Wahl der Braut erfolgt in der Regel durch die Mütter oder Tanten des Mannes. Kommt es zu Verhandlungen zwischen zwei Familien, wird die Höhe der Morgengabe, *mahr*, festgelegt und der Brautpreis ausgemacht. Die Ehe ist keine Liebesverbindung, sondern eine Verbindung beider Familien. Daher kommt es bei der Untreue, durch welche die Angehörigen und nicht nur Mann und Frau betroffen sind, oft zu strengen Strafmaßnahmen. Frauen gelten allgemein als schwach und stellen eine Gefahr dar, die Ehre der Gruppe zu schänden. Ihr Ansehen ist durch hierarchische Strukturen gekennzeichnet; die Frau steigt in der Hierarchieebene durch die Eheschließung und weiter durch ihre Mutterschaft und den Status als Schwiegermutter auf.

Unter der Bürgerkriegssituation und dem Eindruck der untereinander kämpfenden Mujahedin konnte die 1994 von Mullah Umar gegründete Taliban-Bewegung ihren Einfluss erweitern und eine islamische Ordnung schaffen. Die Taliban versprachen den Menschen, für Sicherheit im Land zu sorgen und ihre Anhängerschaft, die sich unter anderem aus Bewohnern pakistanischer Flüchtlingslager oder ehemaligen Mujahedin rekrutierte, wuchs. Nach der Eroberung weiter Teile des Landes riefen sie das Islamische Emirat Afghanistan aus und setzten ihre eigene Idee einer islamischen Ordnung um. Die Taliban, mehrheitlich Paschtunen, vermischten islamisches Recht mit dem Gewohnheitsrecht *pashtûnwâlî*, das auf reziproken Beziehungen basiert und durch die Begriffe Stolz, Prestige, Ehre und Schande gekennzeichnet ist. Die Taliban übertrugen dieses jedoch auf die gesamte Bevölkerung und erklärten es als allgemein gültig. Mit ihrer Machtübernahme verboten sie jegliche Art der Unterhaltung. Besonders aber waren die Frauen von den Restriktionen des Taliban-Regimes betroffen. Sie sollten sich ruhig und zurückhaltend verhalten. Allen Frauen wurde es auferlegt, die *burqa'*, den Ganzkörperschleier, zu tragen. Besonders schwer traf die Frauen jedoch der Ausschluss aus den Berufen und dem Schulsystem, was auch zu einem weiteren Zusammenbruch des Bildungssystems führte, da viele der Frauen als Lehrerinnen oder Dozentinnen gearbeitet hatten. Gleiches galt auch für das Gesundheitssystem. In weiten Teilen des Landes wurde den Patientinnen durch ein zeitweiliges Arbeitsverbot für Ärztinnen und Krankenschwestern die Möglichkeit entzogen, sich medizinisch behandeln zu lassen, da die Behandlung durch männliches Personal untersagt war. Wurde gegen die Verbote der Taliban verstoßen, mussten sowohl Männer als auch Frauen mit schwer wiegenden Sanktionen rechnen. Rituelle Bestrafungen, Verbote, Willkür, die Kriegserfahrung und die damit verbundene Hoffnungslosigkeit trugen zu einer Erhöhung von psychischen und physischen Krankheiten bei. Frauen, die als Lehrerinnen oder Ärztinnen beschäftigt waren, wurden durch die äußeren Umstände gezwungen, zu betteln; Depressionen traten vermehrt auf und die Suizidrate stieg. Als nach dem 11. September 2001 durch die Bombardierung Afghanistans das Taliban-Regime zerschlagen wurde, kam es zur Bildung einer neuen Interimsregierung. Einer der ersten Schritte war die Aufhebung der von den Taliban erlassenen Vorschriften, darunter auch des Arbeits- und Bildungsverbotes für die Frauen. Die Segregation von Männern und Frauen wurde zum Teil aufgehoben und die Beteiligung der Frauen am öffentlichen Leben von unterschiedlichen Kreisen[166] eingefordert, ein Ziel, das vorher bereits in den zwanziger Jahren von Amanullah Khan erreicht worden war.

Ein Jahr nach dem Amtsantritt König Amanullah Khans im Jahr 1919 wurde das erste Gesetz seiner Reform erlassen. Beeinflusst durch Intellektuelle wie Mahmud Tarzi, strebte er eine Modernisierung des Landes an, welche die Kodifizierung des Rechts, der Bildung und Verwaltung umfasste. Er trat dafür ein, den Frauen mehr Rechte zu verschaffen und berief sich dabei auf den Islam. 1921 wurde die erste Mädchenschule eröffnet, die von wenigen Mädchen, deren Familien dem Königshaus nahe standen, besucht wurde. Die erste Mittelschule wurde 1929 gegründet. Mit seiner Reformierung der Eheschließung griff Amanullah in die reziproken Strukturen der Gesellschaft ein. Er legte die Morgengabe auf einen bestimmten Betrag fest und verbot den Brautpreis, der den 'Wert' der Braut symbolisierte und das Ansehen der Haushalte mitbestimmte. Auch die Hochzeitsgaben wurden festgelegt, zu kostspielige Feierlichkeiten untersagt. Ferner verbot er, Frauen zur Konfliktregelung zu geben und versuchte die Polygamie einzuschränken. Diese Veränderungen sowie die Orientierung an 'westlichen' Modestandards und Werten stießen auf Widerstand bei der traditionellen, religiösen und dörflichen Elite, sodass Amanullah viele seiner Reformerlasse zurückzog. Jedoch entstand trotz nur teilweiser Umsetzung der Gesetze ein Misstrauen der geistlichen Elite gegenüber Amanullah. Nadir Schah, der seine Macht dieser geistlichen Elite verdankte, bestieg 1929 den Thron und änderte die Verfassung insofern, als dass sie sich vermehrt an islamischen Richtlinien orientierte.

Sein Sohn Zahir Schah, der den Thron von Nadir Schah bereits als Kind übernahm, förderte einen gemäßigten Fortschritt. Als Daud Khan 1953 unter Zahir Schah Premierminister wurde, kam es neben der technischen Modernisierung jedoch auch zu Veränderungen, die in das soziale Gefüge eingriffen. Rechtsfragen fielen von der Zuständigkeit der Geistlichkeit in die des Staates und auch

---

[166] Diese Forderungen, die der verwendeten Literatur entnommen wurden, kamen in erster Linie von afghanischen Emigranten (Anm. d. Verf.).

die Wirtschaft wurde zentral gelenkt. Für die Frauen ergaben sich in der Regierungszeit von Zahir Schah viele Möglichkeiten, beruflich aufzusteigen. Ab 1959 durften die Frauen zusammen mit den Männern an den Universitäten studieren und waren in fast allen Berufssparten vertreten. Sie arbeiteten im Unterhaltungsbereich, den Medien und in der Politik. Die Berufstätigkeit in diesen Bereichen blieb jedoch nur einer städtischen Minderheit vorbehalten. Voraussetzung für den Besuch der Universität oder einen beruflichen Erfolg war die Unterstützung durch die Familie. Daud Khan sicherte den Frauen in ihrer Berufswahl die Unterstützung der Regierung zu. In dieser politischen Phase wurden ebenfalls neue Regelungen getroffen, die sich auf die Eheschließung bezogen. Der staatliche Ehevertrag musste von beiden Ehepartnern unterzeichnet werden, der Vormund der Braut galt nicht als alleinvertretungsberechtigt und der bis dahin rein religiöse Vertrag musste auch staatlich beglaubigt werden. Über das Ausmaß der Hochzeitsfeiern und den Brautpreis wurden keine Aussagen gemacht. Paare konnten jedoch ab 1971 auch ohne das Einverständnis ihrer Eltern heiraten und Frauen durften, sofern ihr Ehemann ihnen das Recht übertrug, die Scheidung einreichen.

Daud Khan, der 1963 unter anderem aufgrund der Paschtunistanfrage zurücktreten musste, nutzte 1973 die politischen Auseinandersetzungen zwischen kommunistischen und islamistischen Fraktionen und putschte, als sich Zahir Schah in Italien befand. Er vollzog Änderungen im Rechtssystem, wobei das islamische Recht nur noch in Ausnahmefällen angewendet werden durfte; Daud beanspruchte für sich die Alleinherrschaft und unterdrückte die oppositionellen Kräfte. Die geistliche Elite wurde nur noch als rein kulturelle Schicht geduldet, nicht als Teil der Judikative. Veränderungen gab es auch im Bereich der Landwirtschaft, wo Daud versuchte, das Patron-Klient-Verhältnis zu durchbrechen und das Land neu zu verteilen. Die Rechte und Pflichten der Frauen wurden 1977 erstmals direkt in der Verfassung angesprochen und die Eheschließung weiter an das 'westliche' Rechtssystem angeglichen. Die Scheidung konnte nun von beiden

Partnern eingereicht werden. Die Polygamie wurde zwar nicht verboten, die Frauen erhielten jedoch die Möglichkeit, bei Benachteiligung eine Klage einzureichen. 1978 putschten Anhänger der 1965 gegründeten DVPA (Demokratische Volkspartei Afghanistan) gegen Daud, ermordeten ihn und riefen die Sozialistische Volksrepublik Afghanistan aus. Noor Muhammad Taraki wurde Präsident der Volksrepublik und mit seinem Amtsantritt erklärte er als Ziel, die gesamte Gesellschaft zu verändern, indem die dörflich-feudale Struktur aufgebrochen und das Land gerecht verteilt werden sollte. Noor Muhammad Taraki und später Hafizullah Amin zwangen durch die Reform die dörfliche Gesellschaft zu einer Umgestaltung und verstärkten damit die Macht der Zentralregierung in Kabul. Die Frauen galten als gleichberechtigte Partner im Sinne der sozialistischen Idee, die 'Fortschritte' in Beruf und Bildung gingen jedoch häufig einher mit dem Versuch, die politische Meinungsbildung der Frauen zu beeinflussen. Die Ausschließung der traditionellen Werte und die Einbeziehung der Frauen in alle Arbeitsfelder entsprachen der kommunistischen Ideologie. Im Dezember 1979 marschierten sowjetische Truppen in Afghanistan ein, um das sozialistische Regime zu stützen. Babrak Karmal wurde als Präsident eingesetzt, doch die Bevölkerung wehrte sich gegen die Besatzung und die von der UdSSR eingesetzte Regierung, sodass sich der Widerstand, der sich sowohl aus gemäßigten als auch aus radikalen Islamisten rekrutierte, verstärkte. Der mit dem russischen Einmarsch beginnende Krieg zerstörte einen Großteil der Infrastruktur, Millionen Menschen flohen oder starben. Die meisten der Toten waren junge Männer. Dies wirkte sich auch auf Statistiken aus, die als Propagandamittel genutzt wurden. Die überdurchschnittliche große Anzahl von Frauen an den Universitäten erklärte sich dadurch, dass viele junge Männer im Krieg gestorben waren oder für das Militär rekrutiert wurden. Frauen hatten jedoch in der Tat zahlreiche Arbeitsbereiche in Regierungsinstitutionen, in den Medien und in der Armee für sich erschlossen.

In zahlreichen Organisationen, die speziell auf die angeblichen Bedürfnisse der Frauen ausgerichtet waren, wurde versucht, die Frauen parteipolitisch zu instrumentalisieren. Die von den Besatzern diktierte marxistischleninistische Ideologie widersprach jedoch den Werten der afghanischen Bevölkerung und auch die Frauen protestierten gegen die sowjetischen Besatzer. Mit dem Abzug der sowjetischen Armee verstärkten sich die Konflikte der Widerstandskämpfer, der Mujahedin, auch untereinander. Unter ihrer Herrschaft wurden die meisten Schulen für Mädchen geschlossen, Frauen wurden belästigt, vergewaltigt und mussten sich wieder verschleiern. Die Mujahedin, die Afghanistan in einen Zustand von Gewalt und Gesetzlosigkeit stürzten, ermöglichten den Taliban eine schnelle Machtergreifung, da die Bevölkerung sich nach Sicherheit sehnte.

Die öffentliche Stellung der afghanischen Frauen ist in allen politischen Phasen beeinflusst worden. Die Geschichte Afghanistans ist sowohl in ihren politischen Phasen als auch in Bezug auf die Frauen durch einen ständigen Wechsel und Konflikt zwischen Tradition und Reformbemühungen gekennzeichnet. Der Reformprozess von König Amanullah Khan, der die Frauen ermutigte, sich ohne Schleier in der Öffentlichkeit zu bewegen, wurde infolge des Drucks durch die traditionelle Elite beendet. Zu weit reichend waren für den Großteil der Bevölkerung seine Modernisierungsbemühungen. Sein Nachfolger, König Zahir Schah, verfolgte eine Politik der gemäßigten Modernisierung, die sich durch Daud Khan zu einer Politik der raschen Modernisierung wandelte, welche die Traditionen und Werte der afghanischen Gesellschaft nur noch eingeschränkt berücksichtigte. Die Frauen erhielten in dieser Phase mehr Rechte hinsichtlich ihrer Berufswahl und der Eheschließung. Taraki, Amin und die folgenden unter sowjetischem Einfluss stehenden Machthaber forcierten die Politik Dauds, jedoch verleugneten sie jegliche Traditionen und die geistliche Elite, die unter Daud als kultureller Bestandteil zumindest geduldet wurde. Die afghanische Gesellschaft sollte dem kommunistischen Ideal folgen. Die Gleichstellung und Emanzipation der Frauen wurde verstärkt gefördert, wobei Unterstützung häufig nur Parteimitgliedern zuteil wurde. Mit der Machtergreifung der Mujahedin änderte sich die Situation für die Frauen erneut; Schulen für Mädchen wurden je nach Region und dortigen Machthabern geschlossen, Raub, Mord und Plünderungen waren an der Tagesordnung. Das Land befand sich im Ausnahmezustand. Als die Taliban-Bewegung Afghanistan eroberte, erhofften sich die Menschen Frieden. Doch die anfänglich religiös motivierte Bewegung setzte mit ihrer politischen Machtergreifung ihre eigenen Wertvorstellungen um. Für die Frauen bedeutete dies den vollständigen Ausschluss aus dem öffentlichen Leben. Sämtliche Bereiche des Alltags, wie einkaufen, arbeiten und die medizinische Versorgung, waren betroffen. Die Zerschlagung des Taliban-Regimes durch die Amerikaner führte zu erneuten Veränderungen, deren Entwicklung zum heutigen Zeitpunkt noch nicht absehbar ist.

Im Folgenden gehe ich in verkürzter Form auf die einzelnen Lebensbereiche der Frauen ein und setze mich dabei mit der Rolle des Islams, der Eheschließung, der Bildung und des Berufes auseinander. Abschließend gehe ich auf den Stellenwert der Verschleierung ein.

Der Islam als eine Religion, die in allen Lebensbereichen präsent ist – greift unmittelbar in die Familie, das Bildungssystem und das Rechtssystem ein. Während der von mir beschriebenen Perioden kam es in Afghanistan immer dann zu Protesten, sobald der Islam gefährdet zu sein schien. Die Grenzen zwischen Religion und Tradition wie dem *pashtûnwâlî* sind in islamischen Gesellschaften häufig fließend und die strikte Trennung beider Bereiche gestaltet sich oft als sehr schwierig. Sowohl für den Islam als auch für die paschtunische Tradition ist die Rolle der Frau entscheidend, da durch sie die Ehre der Familie mitbestimmt wird. Hält sich die Frau nicht an die von Religion beziehungsweise Tradition gegebenen Regeln, wird nicht nur ihre eigene Ehre in Frage gestellt, sondern die der ganzen Familie. Aus diesem Kontext heraus erklären sich auch die Sanktionen, die im Falle eines Ehebruchs verhängt werden. Dieses trifft insbesondere für das paschtunische Normen- und Wertesystem zu.

Je nach Ethnie sind die Menschen unterschiedlich stark in die Familien und in das dörfliche Umfeld integriert. Reziproke Systeme durch Hochzeiten oder das Patron-Klient-Verhältnis bestimmen das dörfliche Leben. Versuche der staatlichen Einflussnahme führten immer zu einer Protestbewegung der Landbevölkerung. Dies betraf besonders die Reformmaßnahmen von Amanullah, Taraki und Amin, die den Brautpreis verboten und das *mahr* begrenzten. Doch gerade der Brautpreis spielt für die dörfliche Bevölkerung eine zentrale Rolle. Zum einen bedeutet ein hoher Brautpreis für die Braut symbolisch eine Wertschätzung und zum anderen sind Familien von der finanziellen Zuwendung abhängig. Dieses System schafft einerseits ein Abhängigkeitsverhältnis, gleichzeitig bietet es aber Schutz für die Familien. Daher ist die Ehe nicht nur eine Verbindung von Mann und Frau, sondern eine Verbindung zweier Familien oder auch die zweier Dörfer. Eingriffe in das traditionelle System durch Gesetzesänderungen wie etwa durch die Verstaatlichung der Ehe, das Verbot des Brautpreises und das Scheidungsrecht für Frauen und die fehlende Einbeziehung der ruralen Bevölkerung stießen daher immer auf Widerstand.

Profitiert von diesen Eingriffen sowie von einer pro-westlichen Bildungspolitik hat nur eine Minderheit. In erster Linie waren dies Frauen aus der städtischen Oberschicht sowie aus Familien, die der jeweiligen Regierung nahe standen. Die Frauen dieser urbanen Elite hatten besonders unter den Mujahedin und den Taliban zu leiden, da sie ihrer Tätigkeit als Ärztin, Lehrerin oder Regierungsangestellte nicht mehr nachgehen konnten. Einige Berufsfelder waren für die Frauen mit besonderen Schwierigkeiten verbunden. Zu diesen Bereichen zählte beispielsweise die Arbeit beim Radio oder Fernsehen, da selbst die Stimme einer Frau unter *purdah* fällt und diese ja über die Medien öffentlich gemacht wurde. Gleiches galt auch für Frauen, die als Schauspielerinnen arbeiteten; bis 1973 wurden afghanische Filme nur mit ausländischen Schauspielerinnen besetzt. Voraussetzung für eine gute Ausbildung und eine erfolgreiche Berufstätigkeit der Frauen waren eine finanzielle und ideelle Unterstützung durch die Familie.

Insbesondere die Verschleierung muslimischer Frauen wurde in jeder Regierungsphase thematisiert und mit der Emanzipation in Verbindung gebracht. Königin Soraya, die Ehefrau König Amanullahs, machte erstmals die 'Entschleierung' öffentlich und ersetzte ihren Schleier durch einen Hut. Auch Daud Khan förderte Ende der 50er Jahre das Niederlegen des Schleiers und propagierte wie das kommunistische Regime von Taraki und Amin die 'westlichen' Werte, einschließlich der Kleidung. Während der Herrschaft der Mujahedin verschleierte sich ein Teil der Frauen, um sich vor den Übergriffen der Widerstandskämpfer zu schützen. Unter der sowjetischen Besatzung und dem kommunistischen Regime hingegen legten Frauen den Schleier bewusst an, um ein Zeichen gegen das 'gottlose' Regime zu setzen. Als die Taliban 1994 das Land eroberten, zwangen sie alle Frauen, sich zu verschleiern und die *burqa'* zu tragen. Die Diskussion um die Verschleierung muslimischer Frauen spielt besonders in der 'westlichen' Literatur eine große Rolle, es sei aber hier noch einmal darauf verwiesen, dass es sich dabei nur um *einen* Teilbereich innerhalb der muslimischen Gesellschaft handelt und sich von der Verschleierung nicht auf die Rechte der Frauen in den jeweiligen Ländern schließen lässt.

Auch nach der Literaturauswertung bleiben einige Fragen unbeantwortet oder erscheinen Aussagen widersprüchlich. Die Widersprüche ergeben sich insbesondere aus den Zahlenangaben, beispielsweise bei der Angabe der Einführung der Schulpflicht. Ferner muss darauf hingewiesen werden, dass die Literatur immer im Zusammenhang mit der politischen Phase zu betrachten ist, sowie etwa die Quellen aus den 70er und 80er Jahren, die durch den Kalten Krieg beeinflusst wurden. Außerdem stellt sich die Frage, inwiefern die einzelnen Ethnien von den jeweiligen politischen Phasen betroffen waren. Die Macht lag fast ausschließlich bei den Paschtunen, die anderen Ethnien wurden unterschiedlich behandelt. Es ist bekannt, dass unter der Taliban-Herrschaft die schiitischen Hazara diskriminiert wurden; Informationen über die anderen Ethnien und deren Situation unter den verschiedenen Machthabern lagen nicht vor, wären für eine

Behandlung aber auch zu umfangreich für diese Arbeit gewesen. Gleiches gilt für die Angaben zur Stellung der Frau innerhalb der unterschiedlichen Ethnien. Mit der Bildung einer neuen Interimsregierung und dem Ende der Taliban als politischer Kraft wurde die neueste Phase eingeleitet, die erneut Veränderungen für die Frauen mit sich brachte. Aufgrund der Darstellung in den Medien zeichnen sich bestimmte Tendenzen hinsichtlich der Situation für die Frauen ab. So wurde das Berufs- und Bildungsverbot für die Frauen aufgehoben und Mitte Januar konnten Mädchen erstmalig wieder eine Schule in Kabul besuchen. Bereits zwei Monate später hatten sie die Möglichkeit, regelmäßig am Unterricht teilzunehmen. Der Großteil der Frauen trägt auch heute noch eine *burqa'*, die Angst vor Strafen und Übergriffen ist nach zwei Jahrzehnten Bürgerkrieg immer noch vorhanden.

Es gibt noch immer vereinzelt Unruhen im Land und die internationalen Schutztruppen rechnen jederzeit mit Übergriffen. Es stellt sich die Frage, inwieweit die unterschiedlichen Führer der ehemaligen Mujahedin, etwa Dostum, die aktuellen Entwicklungen mittragen. Die neue Regierung versucht, die unterschiedlichen Ethnien und Gruppierungen in die Regierungsarbeit mit einzubeziehen. Es ist jedoch auch wichtig, die Hilfsmaßnahmen, den Aufbau der Infrastruktur und des politischen Systems nicht nur auf Kabul und die größeren Städte zu begrenzen, sondern auch die dörflichen Regionen in diesen Prozess zu integrieren. Ferner ist es unabdingbar, bei dem Aufbau des Landes und einer moderaten Modernisierung die Traditionen zu beachten und den Menschen nicht einen Fortschritt aufzuzwingen. Der Versuch einer Verbesserung der Stellung der Frau in der Gesellschaft muss daher dem traditionellen Kontext Rechnung tragen. Eine Übernahme 'westlicher' Emanzipationsideen scheiterte in der Geschichte regelmäßig an mangelnder Berücksichtigung gewachsener Familienstrukturen und sozialer Beziehungen. Es bleibt auch fraglich, ob ein Versuch zu einer solchen Angleichung überhaupt wünschenswert wäre. Die Vergangenheit Afghanistans hat außerdem die fehlende Funktionalität einer zentralistischen Regierungspolitik für die lokalen Gegebenheiten aufgezeigt. Jeder Versuch, das Land ausschließlich von Kabul aus zu regieren, scheiterte, da sich die überwiegend ländlich geprägte Struktur Afghanistans nicht oder nur ungenügend in politischen Entscheidungen widerspiegelte. Die Einbindung von Exilafghanen und hier auch besonders der Frauen wäre für die weitere Entwicklung des Landes von Vorteil. Die im Exil erworbenen Kenntnisse über den Aufbau demokratischer Strukturen und die Partizipation politischer und religiöser Minderheiten könnten einen Beitrag zur Zukunft Afghanistans darstellen. Es bleibt jedoch fraglich, ob aufgrund des geschichtlichen Hintergrundes des Landes und seiner religiösen und ethnischen Heterogenität eine Übernahme der pluralistisch säkularen Staatsidee im 'westlichen' Sinne sinnvoll ist.

Nachwort

Die Euphorie nach dem Ende des Taliban-Regimes ist dem politischen Realismus gewichen. Die Präsenz der Amerikaner und der internationalen Schutztruppe ISAF ist weiterhin nötig. Für den Aufbau demokratischer Strukturen fehlt es an Fachkräften; das Ungleichgewicht zwischen Kabul als Zentrum der Hilfsorganisationen sowie Standort der ISAF und dem ruralen Hinterland fördert neue Konflikte. Aufgrund der Sicherheitslage ist selbst in einzelnen Vierteln von Kabul und erst recht in den Provinzen von einem Neuanfang nichts zu spüren. Nur vereinzelt wagen sich Hilfsorganisationen in diese Regionen.[167]

Bis heute fehlt es Hamid Karzai und seinem Kabinett an Rückhalt in der Bevölkerung. Sein Luftfahrtminister Abdul Rahman wurde im Februar 2002 erschlagen, Verteidigungsminister Muhammad Fahim entging nur knapp dem Tod bei einem Anschlag, der Vizepräsident Kadir wurde im Juli ermordet.[168] Am 6. September des gleichen Jahres wurde in Kandahar ein Anschlag auf den Präsidenten Hamid Karzai verübt.[169] Wichtige Entscheidungen werden zwischen Karzai, den Warlords und den Amerikanern getroffen, ohne die Abgeordneten oder die Bevölkerung ausreichend zu informieren und in das politische Geschehen mit einzubeziehen. Auch die fünf Milliarden Euro, die im Januar 2002 bei der internationalen Geberkonferenz zugesagt wurden, konnten das wirtschaftliche Defizit von 340 Millionen US-Dollar nicht ausgleichen. Durch die zurückkehrenden Flüchtlinge kommt eine weitere finanzielle Belastung für den Staat hinzu.[170] Die Lebensunterhaltungskosten sind durch die Anwesenheit von internationalen Organisationen und afghanischen Kriegsgewinnlern stark gestiegen. Die Interimsregierung konkurriert noch immer mit den lokalen Warlords, die eine andere Auffassung der Rechtsprechung haben als die Zentrale in Kabul. Eine nicht staatlich kontrollierte Presse wie in Kabul gibt es in den Provinzen nicht. Dort

---

[167] Wieland-Karimi:
http://fesportal.fes.de/pls/portal30/docs/FOLDER/WORLDWIDE/ASIEN/Kurzbe...
[168] AfghanMania: http://www.afghanmania.de/aw/afghanistan.php.
[169] Discovery Channel: http://www.discovery.de/de/pub/specials/terror/aktuelle_situation.htm.
[170] AfghanMania: http://www.afghanmania.de/aw/afghanistan.php.

liegt die Kontrolle der Presse bei den Warlords. Doch auch trotz anhaltender Kämpfe im Süden und Norden des Landes ist die jetzige Situation deutlich positiver zu bewerten als unter dem Taliban-Regime. Viele Afghanen wünschen sich allerdings eine höhere Präsenz der Friedenstruppen im gesamten Land.[171]

Michael Pohly, der in Kabul ein Büro der Friedrich Ebert Stiftung eröffnet hat, kritisiert besonders das fehlende politische Konzept. Die USA hätten nur die Nordallianz unterstützt und auch bei der Konferenz auf dem Petersberg seien Vertreter der afghanischen Zivilgesellschaft nicht ausreichend einbezogen worden. Karzai gelte für viele Afghanen als ein Handlanger der USA, der sich gegen die Warlords nicht durchsetzen könne. Die Provinzen hingegen seien laut Pohly von der Willkür der Warlords abhängig.[172]

Auch fast ein Jahr, nachdem die Taliban vertrieben wurden, regen sich wieder vermehrt politische Kräfte, die sich gegen den begonnenen Demokratisierungsprozess stellen. Nachdem indische Filme in den Kinos liefen, warnte Fazl Ahmad Manawi, der stellvertretende Oberrichter, vor den freizügen, im Ausland produzierten Filmen. Alle Sender sollten ihr Programm mit geistlichen Beratern des Obersten Gerichtes abstimmen. Diese Regelung steht im Widerspruch zu der von Karzai im Juni verkündeten Pressefreiheit. Muhammad Ishaq, der für die Medien verantwortlich ist und Manawi, die beide zur Nordallianz gehören, treten dafür ein, alles 'Unislamische' aus dem Land zu verdrängen. In Kundu, im Norden des Landes, wurden bereits Videogeschäfte geschlossen und nur afghanische Filmproduktionen, die sich mit dem *jihâd* beschäftigen, dürfen gezeigt werden. Doch auch das von Karzai im August gegründete "Ministerium zur Förderung der Tugend und zur Bekämpfung des Laster" erinnerte viele Beobachter an die 'Religionspolizei' der Taliban. Dieses Ministerium soll jedoch nach Regierungsaussagen lediglich der islamischen Bildung zugute kommen. Das Tragen von Lippenstift in der Öffentlichkeit wurde von dieser Behörde jedoch bereits kritisiert. Auch tauchen vermehrt Flugblätter auf, auf denen gegen die

---

[171] Spanta: http://www.zukunftsgruen.de/web/215.htm.
[172] Mayr: http://www.gfbv.it/3dossier/asia/afghan/afghan-pohly.html.

ausländischen Kräfte im Land protestiert wird und islamische Werte propagiert werden. Aufgrund der darisprachigen Ausführungen und dem Kontext, in dem über den *jihâd* geschrieben wird, vermuten afghanische Regierungskreise, dass es sich bei den Verfassern um fundamentalistische Kräfte der Nordallianz handelt.[173]

Viele Frauen tragen weiterhin die *burqa'* aus Angst; zu den ersten Frauen, die die *burqa'* ablegten, gehörten Bettlerinnen in Kabul, die nichts mehr zu verlieren hatten. Frauenfriseure arbeiten im Gegensatz zu den Barbieren im Verborgenen. Besonders für die junge Bevölkerung war der Umbruch mit dem Ende des Taliban-Regimes ein einschneidendes Erlebnis, da die jungen Männer und Frauen nur die Unterdrückung der Taliban kannten. Afghanen, die es sich leisten können, kaufen Fernseh- und Videogeräte oder schauen sich indische oder amerikanische Kinofilme an. Besonders die Fotogeschäfte profitieren von dem Wunsch der afghanischen Bevölkerung, sich fotografieren zu lassen.[174]

Trotz der Aufhebung des Arbeitsverbotes ist es nur wenigen Frauen möglich, einer Tätigkeit nachzugehen. Die neuen Chancen müssen erst noch die afghanische Gesellschaft durchdringen, ein Vorgang, der Zeit benötigt. Besonders die Kriegswitwen bleiben trotz internationaler Hilfe außen vor, ebenso wie die Straßenkinder in Kabul.[175] Rund 30.000 Kriegswitwen gibt es derzeit in Kabul, die keine andere Möglichkeit haben als zu betteln. Der wichtigste Bereich, um die Frauen zu stärken, ist die Arbeit und die Bildung, zumal seit März 2002 für die Mädchen wieder die Möglichkeit besteht, eine Schule zu besuchen. Die hohe Analphabetenrate von 85% erschwert die Arbeitssuche und täglich kommen über hundert Frauen in das Frauenministerium und hoffen, hier eine Arbeit zu bekommen. Doch von den bislang geflossenen Geldern ist im Frauenministerium kaum etwas angekommen, viele Angestellte haben noch keinen Lohn erhalten. Es überwiegt jedoch die Dankbarkeit für das Ende des Regimes und seiner

---

[173] Haller: http://www.rawa-germany.de/aktuell/aktuell_061.html.
[174] Sgrena: http://www.zeit.de/2001/52/Politik/print_200152_afgh._frauen.html.
[175] Spanta: http://www.zukunftsgruen.de/web/215.htm.

Repressalien vor allem gegen die Frauen.[176] Das sieht auch Saida so, die als einzige Frau in ihrem Dorf studiert hat und jetzt Mädchen in Lesen und Rechnen unterrichtet. Doch auch sie muss sich den Regeln und Gewohnheiten weiterhin anpassen. Neben dem Unterricht muss sie sich um das Vieh und die Familie kümmern und den Haushalt führen. Wie ihr Mann, der den Studienwunsch seiner Frau unterstützt hat, es wollte, hat Saida vier Kinder innerhalb von vier Jahren geboren. Das Tragen der *burqa'* sei für sie nicht das eigentliche Problem, sondern die Rückständigkeit der Männer, die in erster Linie den Umgang mit Waffen gelernt hätten.[177] Auch Susanne Thiel, die für die GTZ Frauenprojekte in Kabul betreut, hält nicht viel von der 'Schleierdiskussion'. Wichtiger sei es, die Frauen durch kurze, intensive Kurse auf die Arbeitswelt vorzubereiten. Durch Computer- oder Managementkurse hätten die Frauen eine Chance bei internationalen Hilfsorganisationen eine Tätigkeit zu finden. Aber auch Afghaninnen, die nicht über eine gute Ausbildung verfügten, müsse eine berufliche Möglichkeit außer Haus gegeben werden. In Handwerkszentren könnten sie durch Handarbeit oder der Herstellung von Gebäck ein wenig Geld verdienen. Dies helfe den Familien nicht nur finanziell, sondern stärke auch das Selbstvertrauen der Frauen.[178]

Probleme bei der Bereitstellung der nötigen Hilfsangebote bereitet derzeit die allgemeine Sicherheitslage im Land. Erneut kommt es in Afghanistan zu ethnischen Konflikten. Die Leidtragenden sind derzeit die Paschtunen, die der Rache der uzbekischer Warlords oder Hazara-Soldaten ausgesetzt sind. Häufig werden die Paschtunen mit den Taliban gleichgesetzt und werden stellvertretend für diese bestraft. Misshandlungen, sexuelle Gewalt, Raub und Mord sind laut Human Rights Watch besonders im Norden Afghanistans häufige Verbrechen gegenüber der paschtunischen Bevölkerung.[179]

---

[176] Schulte Langforth: http://www.zdf.de/ZDFde/inhalt/0,1872,1021866,00.html.
[177] Schumann: http://www.zdf.de/ZDFde/inhalt/0,1872,1021875,00.html.
[178] Hein: http://www.vistaverde.de/news/Politik/0210/17_afghanistan.htm.
[179] Bouckaert: http://www.rawa-germany.de/aktuell/aktuell_027.html.

Doch auch oder gerade die Frauen sind unabhängig von ethnischen Zugehörigkeiten erneut Opfer von Aggression und Unterdrückung. Immer wieder versuchen die lokalen Warlords, die Frauen daran zu hindern, die Bildungsmöglichkeiten zu nutzen. In Herat dürfen männliche Lehrer keine privaten Mädchenklassen mehr unterrichten. Da es jedoch an weiblichen Lehrkräften fehlt, haben die Mädchen und Frauen keine Möglichkeit mehr, an weiterführenden Kursen wie Englisch oder Computer teilzunehmen. Zwar dürfen die Frauen wieder offiziell Schulen und Universitäten besuchen, doch Anschläge auf Mädchenschulen und geheime Flugblätter, auf denen Familien davor gewarnt werden, ihre Mädchen zur Schule zu schicken, schränken die Bildungsmöglichkeiten stark ein.[180]

Es bleibt festzustellen, dass die aktuelle Entwicklung in Afghanistan den Experten Recht gegeben hat, die vor zu viel Optimismus bezüglich der Zukunft des Landes nach dem Ende des Taliban-Regimes gewarnt haben. Der Glaube, nach der Beseitigung des ohne Zweifel gegen grundlegendes Menschen- und Völkerrecht verstoßenden Regimes kehre Ruhe und Frieden im Land am Hindukusch ein, hat sich als Irrtum erwiesen. Wie aufgrund der Geschichte des Landes zu erwarten war, brachen nach dem Ende der Unterdrückung alte Rivalitäten und ethnische Konflikte wieder auf. Hier hätte ein Studium der jüngeren Geschichte warnen müssen. Solange das Problem einer Hauptstadt Kabul als Staat im Staat mit Infrastruktur und Hilfsmöglichkeiten seitens der internationalen Gemeinschaft als Gegenpol zu einer verarmten, von der Weltöffentlichkeit vergessenen Landbevölkerung existiert, sind soziale Spannungen vorprogrammiert, werden die Warlords die Möglichkeit haben, politischen und militärischen Einfluss auszuüben. Die Rolle der Frau lässt sich momentan ebenso wenig definieren wie der zu beschreitende Weg zu mehr Rechten. In einem islamisch geprägten Staat mit so heterogener Bevölkerungsstruktur wird es kaum eine Möglichkeit geben, ein Frauenbild nach 'westlichem' Vorbild zu etablieren, das den Ansprüchen an

---

[180] Coursen-Neff: http://www.rawa-germany.de/aktuell/aktuell_078.html.

Tradition, Religion und Praktikabilität gerecht wird. Fraglich ist in diesem Zusammenhang, ob eine solche Entwicklung wünschenswert wäre.

Glossar

'âdât:	arab. Plural „Gewohnheiten"
Allâh:	arab. „der Gott"
'âshûrâ':	arab. 10. *al-muharram* (erster Monat des islamischen Kalenders). Empfohlener Fastentag für Muslime
badal:	arab. „Ersatz", „Ausgleich", „Entschädigung" oder „Preis"
bazar:	pers. „Markt"
burd:	arab. „Gewand"
burdâya:	arab. „Vorhang"
burqa':	arab. „langer Frauenschleier", bei dem die Augen frei bleiben
ehteram:	pasch. gehört zu *sharm*, „Höflichkeit"
ezat:	pasch. gehört zu *sharm*, „Höflichkeit"
fatwâ:	arab. „islamisches Rechtsgutachten"
hadîth:	arab. „Erzählung"
hizb:	arab. „Partei"
'imâm:	arab. „Führer" oder „Vorsteher"
jihâd:	arab. „Anstrengung", „Eifer", „Krieg" und „Aufforderung zum Islam und Kampf gegen Ungläubige"
jirga:	mongol. „Beratung"
khadari:	pers., von arab. *khidr* für „Vorhang" oder „Frauengemach"
khalîfa:	arab. „Nachfolger"
khân:	arab. „Wirtshaus", „Laden", „Fürst", auch ein turkomongolischer Herrschertitel, den afghanische Herrscher trugen
loya jirga:	pers. „große Versammlung"
madâris:	arab. Plural „Schulen", auch „Koranschulen"
mahdî:	arab. „Rechtgeleiteter"
mahr:	arab. „Mitgift", „Brautgeld", „Morgengabe", „Lösegeld"
mahram:	arab. „verboten", „Verbotenes", „naher Verwandter", „wer Zutritt zum Harem hat", „Vertrauter"

mollâh:	pers. „Theologiestudenten", „Gelehrten" oder „Lehrer" der unteren Hierarchieebene
mujâhidûn:	arab. Plural „Personen, die den *jihâd* ausüben"
nang:	pasch. Bezeichnung für einen vorbildlichen Paschtunen, der Bedrohungen abwehrt
naurûz:	pers. „iranisches Neujahrsfest"
pashtûnwâlî:	paschtunisches Werte- und Normensystem
purdah:	urspr. urdu (*pardah*), pers. (*pardaka*) für „Schleier"
sar:	pasch. „Kopf"
shâh:	pers. „König"
shahîd:	arab., pers. „Märtyrer"
sharî'a:	arab. „das von Gott (*Allâh*) gegebene Gesetz"
sharm:	pasch. „Bescheidenheit", „Schüchternheit" oder „Schande"
shî'at 'Alî:	arab. „die Partei Alis"
sunna:	arab. „Gewohnheit", „Tradition"
tâlib:	arab. „Studierender", „Sucher", „Bewerber" und „Forderer"
'ulamâ:	arab. Plural „Gelehrte"
walî:	arab. „Helfer", „Freund", „Patron", „Vormund"
zamin:	pers. „Boden"
zan:	pers. „Frau"
zar:	pers. „Gold", „Geld"

Anhang

Tabellen

1 Physische Erkrankungen

Frage an die Teilnehmer der Studie	Zustimmung bei Befragten in Gebieten unter Taliban-Kontrolle	Zustimmung bei Befragten in Gebieten, die nicht unter Taliban-Kontrolle stehen
Haben sie im letzten Jahr humanitäre Hilfe (in jedweder Form) erhalten?	8%	59%
Halten sie die physiologische Hilfe im letzten Jahr für unzureichend?	87%	63%
Mussten sie während der letzten 2 Jahre unter Einschränkungen der medizinischen Hilfe leiden?	60%	22%

PHR: http://www.phrusa.org/campaigns/pdf/afghan_pdf_files/03_womens_health.pdf

2 Psychische Erkrankungen

Frage an die Teilnehmer der Studie	Zustimmung bei Befragten in Gebieten unter Taliban-Kontrolle	Zustimmung bei Befragten in Gebieten, die nicht unter Taliban-Kontrolle stehen
Beurteilen sie ihre psychologische Verfassung im letzten Jahr als schlecht?	85%	54%
Hatten sie schon Suizid-Gedanken		
in den letzten 2 Jahren?	33%	20%
momentan?	65%	18%
Hatte sie schon einen Suizid-Versuch?	16%	9%
Waren oder sind ihre Suizid-Gedanken oder -Versuche bedingt durch die Taliban?	22%	2%

PHR: http://www.phrusa.org/campaigns/pdf/afghan_pdf_files/03_womens_health.pdf

3 Anzahl der Schulen in den Jahren 1978 und 1984

Schulart	Anzahl der Schulen im Jahr 1978	Anzahl der Schulen im Jahr 1984	Rückgang in Prozent
Oberschulen	163	44	73%
Mittelschulen	350	78	78%
Grundschulen	1154	210	82%
Dorfschulen	1451	0	100%
Ausbildungsschulen für Lehrer	26	6	65%
Technische Schulen	17	8	69%

Majrooh 1989: 89

Verbote und Einschränkung durch die Taliban

Verbrechen an den Frauen wurden auch schon unter Rabbani, Dostum und den verschiedenen Mujahedin-Kämpfern begangen, doch keine vorherigen Verbote und Strafen waren so weit reichend wie unter den Taliban.

Verbote und Strafen, die die Frauen betrafen

- Verbot für die Berufstätigkeit außerhalb des Hauses bis auf wenige Ausnahmen im medizinischen Bereich.
- Verbot für außerhäusliche Aktivitäten ohne Begleitung eines *mahram*.
- Es ist Frauen verboten, männliches Verkaufspersonal zu kontaktieren.
- Verbot, sich von männlichen Ärzten behandeln zu lassen.
- Schulen und Universitäten sind Frauen nicht zugänglich.
- Frauen müssen eine *burqa'* tragen.
- Misshandlungen drohen, wenn Frauen die Kleiderordnung nicht beachten oder wenn sie nicht von einem *mahram* begleitet werden.
- Öffentliche Auspeitschung, wenn Fußgelenke nicht vollständig bedeckt sind.
- Bei außerehelichem Verkehr werden Frauen öffentlich gesteinigt.
- Verbot von Kosmetikartikeln (Frauen wurden lackierte Nägel abgeschnitten).
- Frauen ist es verboten, Männern, die nicht mit ihnen verwandt sind, die Hand zu geben oder mit ihnen zu sprechen.
- Frauen ist es verboten, laut zu lachen.
- Frauen ist es verboten, Absätze zu tragen, da diese beim Gehen Geräusche produzieren könnten.
- Verbot für Frauen, ein Taxi zu benutzen, wenn sie nicht von einem *mahram* begleitet werden.
- Frauen ist es verboten, in öffentlichen Medien aufzutreten.

- Frauen ist es verboten, Sport zu treiben.
- Frauen dürfen auch in Begleitung eines *maḥram* kein Fahrrad oder Motorrad fahren.
- Sie dürfen keine bunte Kleidung tragen, da diese sexuell anziehend sein könnte.
- Versammlungsverbot für Frauen zu festlichen Anlässen.
- Frauen ist es nicht gestattet, an öffentlichen Plätzen oder Flüssen ihre Wäsche zu waschen.
- Plätze, die das Wort Frau oder Frauen in sich tragen, werden geändert zum Beispiel wurde aus „Frauengarten" „Frühlingsgarten".
- Frauen dürfen sich nicht auf dem Balkon ihrer Wohnung aufhalten.
- Die Fenster werden gestrichen, damit Frauen von außen nicht zu sehen sind.
- Männlichen Schneidern ist es verboten, Maß bei Frauen zu nehmen und die Kleider zu nähen.
- Öffentliche Bäder sind für Frauen verboten.
- Busse werden nach Geschlechtern getrennt.
- Frauen ist es verboten, weite Hosen zu tragen, auch unter der *burqa'*.
- Es ist verboten, Frauen zu filmen oder zu fotografieren.
- Es ist verboten, Portraits von Frauen in Büchern oder Zeitungen abzubilden oder sie in Wohnungen oder Geschäften aufzuhängen.

Weitere Verbote, sowohl Männer als auch Frauen betreffend

- Es ist verboten, Musik zu hören.
- Filme, Fernsehen und Video sind verboten.
- Es ist verboten, dass traditionelle Neujahrsfest *newroz*[181] zu feiern, die Taliban haben den Feiertag als 'unislamisch' deklariert.
- Der internationale Tag der Arbeit (1. Mai) wurde abgeschafft, da er als ein kommunistischer Feiertag betrachtet wird.
- Menschen mit nichtislamischen Namen müssen einen islamischen Namen annehmen.
- Die afghanischen Jungen müssen einen bestimmten Haarschnitt tragen.
- Männer müssen islamische Kleidung und eine Kappe tragen.
- Die Männer müssen sich einen Bart wachsen lassen, der eine bestimmte Länge nicht unterschreiten darf.
- Es ist allen befohlen, fünfmal am Tag in der Moschee zu beten.
- Es ist verboten, Vögel oder Tauben zu halten und mit ihnen zu spielen.
- Viele Spiele, darunter auch das Drachensteigen, werden verboten und als 'unislamisch' bezeichnet.
- Der Besitz von verbotener Literatur wird mit Exekution bestraft.
- Bei Konvertierung vom Islam zu einer anderen Religion erfolgt die Exekution.
- Für männliche Studenten gibt es eine Turbanpflicht.
- Nichtmuslimische Minderheiten müssen an ihrer Kleidung einen gelben Stofffetzen tragen.

Diese Auflistung der Verbote zeigt nur einen Teil der Reglementierungen[182]

---

[181] Persisch *naurûz*, iranisches Neujahrsfest, wird auch in der Islamischen Republik Iran und von Kurden gefeiert (Pistor-Hatam 2001c: 226).
[182] RAWA: http://rawasongs.fanvymarketing.net/rules_de.htm.

Abkürzungen

AWDO	(Afghan Women's Democratic Organisation)
AWWA	(Afghan Women's Welfare Association)
DOAW	(Democratic Organization of Afghan Women)
DVPA	(Demokratische Volkspartei Afghanistans)
DYOA	(Democratic Youth Organization of Afghanistan)
GTZ	(Gesellschaft für Technische Zusammenarbeit)
ISAF	(International Security Assistance Force)
RAWA	(Revolutionary Association of the Women of Afghanistan)
SCA	(Schwedische Afghanistan Komitee)

arab.	(Arabisch)
engl.	(Englisch)
franz.	(Französisch)
mongol.	(Mongolisch)
pers.	(Persisch)
pasch.	(Paschtu)

Anm. d. Verf.	(Anmerkung der Verfasserin)

Grundzüge der afghanischen Historie

Der Landstrich am Hindukusch trug in der Geschichte verschiedene Namen:
Aryana in der Antike, Khurasan im Mittelalter und Afghanistan in der Neuzeit.

2000-1500 v. Chr.	Arische Völker sind in Aryana zu finden, Entstehung der Stadt Kabul.
600	Einführung der Religion des Zoroastrismus.
329-326	Afghanistan wird von Alexander dem Großen besetzt.
400 n. Chr.	Angriff der weißen Hunnen, die die buddhistische Kultur fast vollständig zerstören.
550	Persische Kontrolle über Afghanistan.
652	Die Araber führen den Islam ein.
962-1030	Gründung der Ghaznavid-Dynastie, Afghanistan wird ein Zentrum islamischer Kultur und Macht.
1030	Konflikte zwischen den Ghaznavid-Herrschern, das Reich zerfällt.
1219-1221	Invasion durch Dschingis Khan.
1451	Gründung der Leni-Dynasie durch den Afghanen Buhlul, der in Delhi einmarschiert und den Thron einnimmt.
1504-1519	Die Mogul-Dynastie herrscht über Kabul.
1520-1708	Kampf für die Unabhängigkeit Afghanistans. 1708 wird diese erreicht durch Mir Weis.
1722	Einmarsch seines Sohnes Mir Mahmud in Persien. Isfahan wird besetzt, die Durranier beenden die persische Besatzung Herats.
1725	Persien verliert die Kontrolle über Afghanistan.
1747-1773	Herrschaft von Ahmed Schah Abdali (Durrani). Afghanistan wird zum größten muslimischen Reich in der Mitte des 18. Jahrhunderts.
1773-1793	Afghanistans Hauptstadt wird von Kandahar nach Kabul verlegt. Timur Schah regiert.
1826	Dost Muhammad Khan erobert Kabul.

1834	Die Afghanen verlieren Peschawar an die Sikhs, die zwei Jahre später von den Afghanen geschlagen werden. Eine Rückeroberung Peschawars scheitert jedoch.
1836	Versuch Muhammad Khans, Afghanistan wieder zu vereinigen. Dies geschieht, als britische Truppen mithilfe eines ehemaligen Königs in Afghanistan einmarschieren.
1839-1842	Erster Britisch-Afghanischer Krieg. Die Briten werden durch Akbar Khan geschlagen.
1843	Afghanistan wird wieder unabhängig. Muhammad Khan kehrt aus dem indischen Exil zurück.
1873	Russland legt eine offizielle Grenzlinie zwischen den neuen russischen Gebieten und Afghanistan fest und sagt zu, dessen territoriale Integrität zu respektieren.
1878	Beginn des Zweiten Britisch-Afghanischen Krieges.
1880	Schlacht von Maiwand. Eine afghanische Frau namens Malalai wird zur Heldin, als sie in der Schlacht die afghanische Flagge trägt. Alle Fahnenträger vor ihr waren durch die Briten gefallen. Aufgrund ihrer Courage wird sie zur afghanischen Symbolfigur. Abdur Rahman wird Amir von Afghanistan. Nuristan bekennt sich zum Islam.
1885	Grenzstreitigkeiten mit Russland, nach deren mit russischem Landgewinn einhergehendem Ende Russland erneut versichert, die territoriale Integrität Afghanistans zu respektieren.
1893	Mit der Durandlinie wird eine Demarkationslinie zwischen Afghanistan und Britisch Indien geschaffen, die jedoch Stammesgebiete teilt. Ein Teil dieser Afghanen lebt im heutigen Pakistan.
1907	Großbritannien und Russland kommen überein, dass sich Afghanistan außerhalb des russischen Einflussgebietes befindet.
1918	Mahmud Tarzi gründet mehrere Zeitungen, die als Beginn des Journalismus im Land zu sehen sind.
1919	Habibullah wird ermordet, sein Sohn Amanullah wird König.
1920	Erster Reformerlass Amanullahs zur Bodensteuer.
1921	Dritter Britisch-Afghanischer Krieg, Afghanistan siegt erneut. Amanullah erweitert die sozialen und politischen Reformen.
1929	Amanullah Khan wird gestürzt. Kalakani nimmt den Thron ein, verliert ihn jedoch an Nadir Schah.

1930	Nadir Schah annuliert die Reformerlasse Amanullahs.
1933	Nadir Schah wird ermordet, sein Sohn Zahir Schah erbt den Thron, den er bis 1973 innehaben soll.
1940	Afghanistan erklärt seine Neutralität im Zweiten Weltkrieg.
1947	Großbritannien zieht sich aus seinem indischen Kolonialgebiet zurück, Pakistan entsteht aus indischen Regionen und den afghanischen Gebieten, die östlich der Durandlinie liegen.
1949	Afghanistan weigert sich, die Durandlinie als Staatsgrenze anzuerkennen, die Paschtunen im Grenzgebiet Afghanistan/Pakistan (Paschtunistan) werden jedoch international nicht anerkannt.
1953	Prinz Muhammad Daud wird Premierminister.
1955	Daud wirbt bei der UdSSR um militärische Unterstützung. Die Paschtunistanfrage kommt erneut auf.
1956	Beziehungen zur UdSSR werden intensiviert.
1959	Frauen schreiben sich erstmals an Universitäten ein und partizipieren an der Regierung. *Purdah* wird freigestellt.
1963/64	Zahir Schah zwingt Daud wegen dessen Politik in der Paschtunistanfrage zum Rücktritt.
1965	Babrak Karmal ist einer der Gründer der DVPA. Die ersten Wahlen unter der neuen Verfassung finden statt. Karmal zieht für die DVPA ins Parlament ein. Zahir Schah und sein neuer Außenminister Yussuf bilden die zweite Regierung.
1969	Die zweiten nationalen Wahlen sehen Hafizullah Amin und Babrak Karmal als Sieger.
1973	Am 17. Juli wird die Regierung von Zahir Schah, der sich gerade in Europa aufhält, durch einen Militärputsch unter der Führung Daud Khans gestürzt. Daud ernennt sich selbst zum Präsidenten, schafft die Monarchie ab und gründet die Republik Afghanistan.
1975-77	Die neue Verfassung wird proklamiert, die Frauenrechte bestätigt. Es kommt zur Verfolgung möglicher politischer Gegner Khans.
1978	Daud wird bei einem Putsch getötet und Taraki wird Präsident. Es kommt zu inneren Unruhen, Massenverhaftungen und Folterungen; die afghanische Mujahedin-Bewegung entsteht. Taraki unterzeichnet einen Freundschaftsvertrag mit der UdSSR. Nach Tarakis gewaltsamem Tod wird Hafizullah Amin Präsident. Amin wird später hingerichtet, Babrak Karmal tritt seine Nachfolge an.

1979	Im Dezember marschiert die Sowjetarmee ein, offiziell, um die innere Ordnung wieder herzustellen.
1986	Najibullah ersetzt Babrak Karmal als Präsident.
1987	Najibullah bietet den Mujahedin eine Waffenruhe an. Diese lehnen jedoch Verhandlungen mit der von den russischen Besatzern eingesetzten und kontrollierten Regierung ab.
1989	Am 15. Februar zieht sich die Sowjetunion aus Afghanistan zurück. Die Mujahedin setzen ihren Widerstand gegen das Regime von Najibullah fort. Im Mai wählen die Mujahedin Sibhhatullah Mojadidi als Oberhaupt ihrer Exil-Regierung.
1992	Die Mujahedin nehmen Kabul ein und gründen den Islamischen Staat Afghanistan. Iran und Pakistan unterstützen die Kämpfer finanziell und logistisch. Burhannudin Rabbani wird zum Präsidenten gewählt.
1994	Die Taliban treten erstmals öffentlich in Erscheinung. Die Widerstandskämpfer Dostum und Hekmatyar setzen ihren Kampf gegen Rabbanis Regierung fort, Kabul wird dabei völlig zerstört. Die Taliban bringen erste Provinzen unter ihre Kontrolle.
1995	Mitte März sind bereits 9 der 30 Provinzen unter der Kontrolle der Taliban. Herat wird am 5. September von den Taliban erobert.
1996	Gulbuddin Hekmatyar schließt einen Friedensvertrag mit Rabbani und wird Premierminister. Am 11. September erobern die Taliban Jalalabad, am 26. September fällt Kabul. Die gesamte Regierung Rabbani flüchtet. Die Taliban nehmen Najibullah gefangen und hängen ihn für seine pro-russische Politik wegen Landesverrates. Die geflohene Regierung (Dostum, Massud und Hekmatyar) bildet eine Allianz, die aufgrund der geografischen Lage der gehaltenen Gebiete als Nordallianz bezeichnet wird. Die Taliban beginnen, ihre Vorschriften umzusetzen; alle Frauen müssen die *burqa'* tragen, dürfen nicht mehr arbeiten und das Haus nicht ohne männliche Begleitung verlassen. Es kommt zu massiven Menschenrechtsverletzungen durch das Taliban-Regime (Ansari: http://www.uni-karlsruhe.de/~afghan/d/gesch/geschich.htm).
1997	Bei schweren Schlachten um Bagram und Mazar-e-Scharif kommen mehrere hundert Menschen auf beiden Seiten um. Mädchenschulen im Land werden geschlossen. Am 12. August wird Rabbani in Mazar erneut zum Präsidenten gewählt. In einigen Provinzen können die Taliban zurückgedrängt werden. Die Menschenrechtsverletzungen der Taliban sowie die Waffenlieferungen an diese werden von der UN scharf verurteilt.

1998	Zwei schwere Erdbeben fordern mehrere tausend Todesopfer. Es kommt zur Verfolgung ehemaliger kommunistischer Funktionäre und Sympathisanten. Die EU stoppt die humanitäre Hilfe für Afghanistan vollständig. Am 8. August werden nach der Eroberung von Mazar-e-Scharif durch die Taliban mehrere tausend Zivilisten getötet, größtenteils Hazara. Als nach den Anschlägen auf die US-Botschaften in Kenia und Tansania Usama Bin Laden als Drahtzieher ermittelt wird, greifen die USA dessen Camps in Afghanistan an. Die Taliban verweigern seine Auslieferung.
1999	Die Taliban weigern sich weiterhin, Bin Laden auszuliefern, wollen ihn jedoch überwachen. Der von den USA als Terrorist gesuchte Bin Laden verlässt sein Hauptquartier und geht in den Untergrund. Bei Kämpfen um die Stadt Bamian sterben mehrere dutzend Zivilisten, Bamian fällt an die Taliban. Die USA verhängen Handels- und Wirtschaftssanktionen über Afghanistan und frieren die Vermögenswerte der Taliban ein.
2000	Eine schwere Dürre führt zu einer weiteren Verschlechterung der Versorgungslage. Die Taliban fordern die internationalen Hilfsorganisationen auf, keine Frauen mehr zu beschäftigen. Nach schweren Gefechten wird Talogan, ein Gebiet unter Kontrolle der Nordallianz, von den Taliban erobert. Die Flüchtlingsströme quer durch das Land erreichen Größenordnungen von mehreren hunderttausend Afghanen, die versuchen, den Gefechten auszuweichen.
2001	Am 10. März sprengen die Taliban die 1800 Jahre alten Buddhastatuen von Bamian. Massud wirbt im April auf einer Reise durch Europa um Unterstützung für den Widerstand. Die Taliban ordnen an, dass Hindus ein gelbes Zeichen an ihrer Kleidung tragen müssen. Am 5. August werden 24 Mitarbeiter der Hilfsorganisation "Shelter Now International" wegen angeblicher Missionierungsversuche von den Taliban verhaftet. Ihnen droht die Todesstrafe (Rashid 2001: 367-379). Algerier verüben am 9. September einen Anschlag auf Ahmed Schah Massud, der wenige Tage später seinen Verletzungen erliegt. Am 11. September kommt es zu den Terrorakten in New York und Washington, USA. Da die Taliban Usama Bin Laden weiterhin nicht ausliefern, dieser aber von den USA als Organisator der Anschläge betrachtet wird, rufen die USA die "Allianz gegen den Terror" aus und beginnen mit der Bombardierung Afghanistans. Mithilfe der USA gelingt es der Nordallianz bis Mitte November, die Taliban aus Mazar-e-Scharif und Kabul zu vertreiben. (Pohly 2002: 158-159). Die Nordallianz wird als 'Befreier' begrüßt und die erste Euphorie ist groß, einige Frauen legen zögerlich den Schleier ab (Falksohn 2001:137). Mitte November liest eine Moderatorin im Radio die Nachrichten (Klußmann 2001a: 150). Vom 27. November bis zum 5. Dezember tagt die Afghanistankonferenz im deutschen Königswinter, auf der über die Zukunft Afghanistans beraten wird (Mühlmann: http://www.welt.de/daten/2001/11/29/1129fo298764.htx?print=1). Am 22. Dezember wird die Übergangsregierung für sechs Monate eingesetzt, Karzai übernimmt den Vorsitz (Ilsemann von 2001: 160-165).

2002   Am 22. Januar wird Afghanistan mit 4.5 Milliarden US-Dollar unterstützt. Im Februar gestehen die USA aufgrund des internationalen Drucks den Taliban-Häftlingen gemäß der Genfer Konvention den Status von Kriegsgefangenen zu. Der Verkehrsminister Abdul Rahman wird ermordet (O. A. 2002: 51). Im März kämpfen die USA in Ostafghanistan gegen Mitglieder der "al-Qaida", auch Zivilisten werden getötet. Einen Monat später wird ein Anschlag auf eine Synagoge auf der tunesischen Insel Djerba verübt. Weitere 36 Gefangene werden von Afghanistan nach Guantánamo (Kuba) gebracht. Präsident Bush kündigt im Juni erneut den 'Kampf gegen das Böse' an. Amerikanische und britische Truppen greifen den Südosten des Iraks an. Die Bundesregierung beschließt, dass der Bundeswehreinsatz in Afghanistan auf weitere sechs Monate verlängert wird. Durch die *loya jirga*, die im Vorfeld von Sabotageversuchen überschattet wurde, wird der amtierende Interimspremier Karzai zu Präsidenten von Afghanistan gewählt. Bush betont seine Härte im Kampf gegen den Terrorismus und verstärkt den Druck auf den Irak. Weitere 50 Gefangene werden nach Guantánamo gebracht, "al-Qaida" bekennt sich zu dem Anschlag auf Djerba. Am 7. Juli wird der afghanische Vizepräsident Kadir ermordet. Wenige Tage vor dem Jahrestag des 11. Septembers überlebt Präsident Karzai einen Anschlag. Gulbuddin Hekmatyar ruft zum Kampf gegen die 'Gottlosen' auf. Die internationale Gemeinschaft will für dieses Jahr 1.8 Milliarden US-Dollar zur Verfügung stellen. Im Oktober sieht die Bilanz für Afghanistan wie folgt aus: Der Krieg dauert bereits 52 Wochen, die Taliban sind vertrieben, im Land kämpfen einzelne Taliban-Gruppen, "al-Qaida"- Kämpfer sowie die verschiedenen Warlords. Die Führer der Terrorgruppe und der Taliban sind noch immer nicht gefasst worden. Am 2. Dezember tagt die zweite internationale Konferenz für Afghanistan erneut auf dem Petersberg. Themen sind der Aufbau einer nationalen Armee und die weitere Stabilisierung des Landes. Am 21. des Monats kommt es zum Absturz eines deutschen Bundeswehrhubschraubers, bei dem sieben Menschen sterben (Discovery Channel: http://www.discovery.de/de/pub/specials/terror/aktuelle_situation.htm).

Kartenmaterial

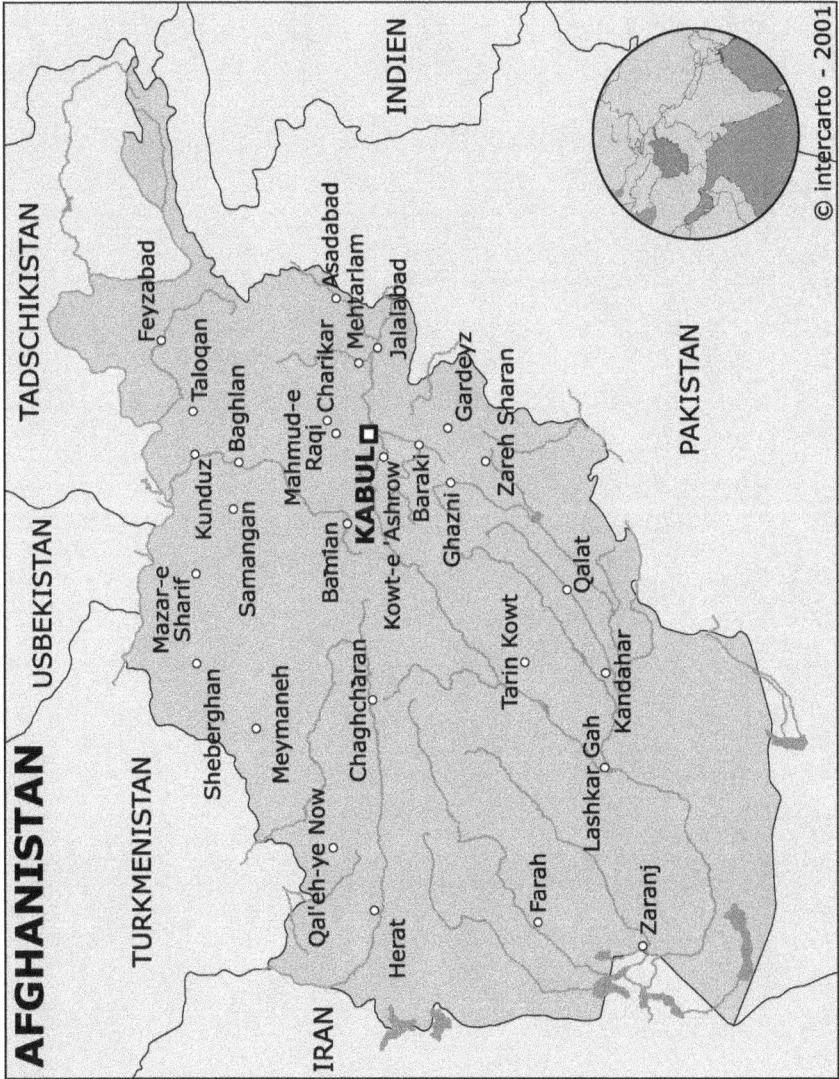

Karte 1
Übersichtskarte Afghanistan
(Stand: 2001)

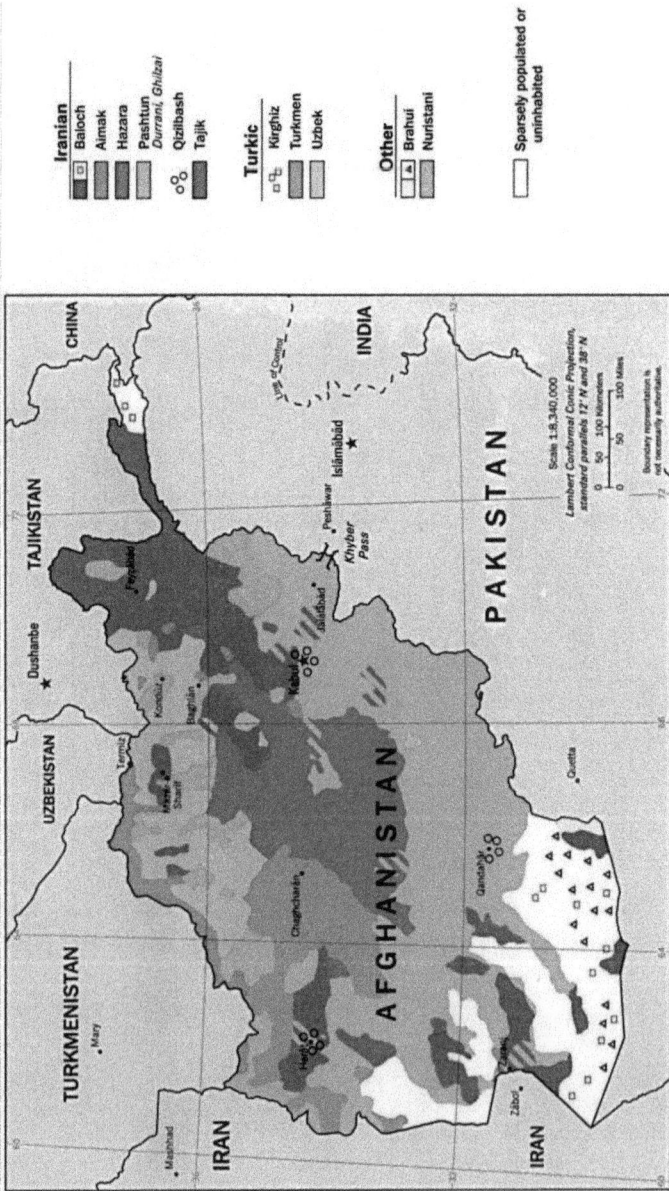

Karte 2

Verteilung der ethnischen Sprachgruppen
(Stand: 1997)

Kartennachweis

Karte 1: **Intercarto**: *Afghanistan*

Karte 2: geändert nach **CIA (Central Intelligence Agency)**, Originaltitel:
Ethnolinguistic Groups in Afghanistan, Map# 802551, PB-97-928333,
http://www.cia.gov/cia/publications/mapspub/1.shtml

Linksammlung

Bilder afghanischer Politiker:

http://stud-www.uni-marburg.de/~Alam/politiker.html

Auf dieser Seite gibt es außerdem Informationen über Land und Leute, ethnische
Verteilung, Kochrezepte und Bilder Afghanistans.

http://afghanistan-seiten.de/afghanistan/bios_inhalt.html

Neben den Biografien gibt es auf dieser Seite Informationen über die Städte Kabul oder Herat.

Weitere Links zu Afghanistan (siehe auch im Literaturverzeichnis):

http://www.rawa.org

http://www.afghan-web.com

http://www.afghanistannews.net

http://www.afghanistan.org

http://www.afghan.de

http://www.rawa-germany.de

Literaturverzeichnis

Arendt-Rojahn, Veronika et al. (1996): *Bericht zur Lage in Afghanistan. Ergebnisse einer Untersuchung in Pakistan und Afghanistan vom 1. bis 18. September 1996* [ZDWF Schriftenreihe: 68]. Siegburg: ZDWF.

Baratta, Mario von (Hrsg.) (2000): *Der Fischer Weltalmanach 2001.* Frankfurt am Main: Fischer.

Beer, Bettina (1999): Patronage, in: Walter Hirschberg, *Wörterbuch der Völkerkunde*, pp. 284. Berlin: Dietrich Reimer.

Bellinger, Gerhard J. (1999): *Knaurs großer Religionsführer.* Augsburg: Weltbild.

Boesen, Inger W. (1983): Conflicts of interests in Pakhtun women's live, in: Siegmar-W. Breckle und Clas M. Naumann (Hrsg.), *Forschungen in und über Afghanistan. Situation der wissenschaftlichen Erforschungen Afghanistans und Folgen der gegenwärtigen politischen Lage* [Mitteilungen des Deutschen Orient - Instituts: 22], pp. 167-179. Hamburg: Deutsches Orient-Institut.

Centlivres-Demont, Micheline (1999[6]): Afghan Women in Peace, War, and Exile, in: Myron Weiner und Ali Banuazizi (ed.), *The Politics of Social Transformation in Afghanistan, Iran and Pakistan* (1. Auflage 1994), pp. 333-365. New York: Syracuse University Press.

Conermann, Stephan (2001a): Fundamentalismus, islamischer, in: Ralf Elger (Hrsg.), *Kleines Islam-Lexikon. Geschichte, Alltag, Kultur*, pp. 100-101. München: C. H. Beck.

Conermann, Stephan (2001b): Wahhâbiten, in: Ralf Elger (Hrsg.), *Kleines Islam-Lexikon. Geschichte, Alltag, Kultur*, pp. 322-323. München: C. H. Beck.

Cutts, Mark et al. (2000): *Zur Lage der Flüchtlinge in der Welt. 50 Jahre humanitärer Einsatz.* Bonn: J. H. W. Dietz.

Dupree, Louis (1973): *Afghanistan.* Princeton New Jersey: Princeton University Press.

Dupree, Nancy Hatch (1981): *Revolutionary rhetoric and Afghan women* [Occasional Paper 23]. New York: Afghanistan Council New York.

Dupree, Nancy Hatch (1989): *Seclusion or service: Will women have a role in the future of Afghanistan?* [Occasional Paper: 29]. New York: Afghanistan Forum New York.

Dupree, Nancy Hatch (1998[2]): Afghan women under the Taliban, in: William Maley (ed.), *Fundamentalism Reborn? Afghanistan and the Taliban* (1. Auflage 1988), pp. 145-165. London: Hurst & Company.

Elger, Ralf (2001a): Gelehrte, in: Ralf Elger (Hrsg.), *Kleines Islam-Lexikon. Geschichte, Alltag, Kultur*, pp. 105. München: C. H. Beck.

Elger, Ralf (2001b): Islamismus, in: Ralf Elger (Hrsg.), *Kleines Islam-Lexikon. Geschichte, Alltag, Kultur*, pp. 139. München: C. H. Beck.

Elger, Ralf (2001c): Mudschahidin, in: Ralf Elger (Hrsg.), *Kleines Islam-Lexikon. Geschichte, Alltag, Kultur*, pp. 207. München: C. H. Beck.

Elger, Ralf (2001d): Ulema, in Ralf Elger (Hrsg.), *Kleines Islam-Lexikon. Geschichte, Alltag, Kultur*, pp. 314. München: C. H. Beck.

Goodwin, Jan (1994): *Der Himmel der Frau ist unter den Füßen ihres Mannes.* Bergisch [Orig: Price of Honor Boston/New York/Toronto/London 1994]. Gladbach: Gustav Lübbe.

Grevemeyer, Jan-Heeren (1980): Afghanistan: Das "Neue Modell einer Revolution" und der dörfliche Widerstand, in: Berliner Institut für Vergleichende Sozialforschung (Hrsg.), *Revolution in Iran und Afghanistan*, pp. 140-176. Frankfurt am Main: Syndikat.

Grevemeyer, Jan-Heeren (1988): Afghanistan, in: Udo Steinbach und Rüdiger Robert (Hrsg.), *Der Nahe und Mittlere Osten. Politik, Gesellschaft, Wirtschaft, Geschichte, Kultur*, 2 Bd. Länderanalysen, pp. 41-54. Opladen: Leske und Budrich.

Grevemeyer, Jan-Heeren (1990): *Afghanistan. Sozialer Wandel und Staat im 20. Jahrhundert.* Berlin: Wissenschaft und Bildung.

Hahn, Helmut (1972): Die traditionellen Lebensformen, in: Willi Kraus (Hrsg.), *Afghanistan. Natur, Geschichte und Kultur, Staat, Gesellschaft und Wirtschaft* [Erdmann Ländermonographien, 3 Bd.], pp. 195-244. Tübingen und Basel: Horst Erdmann.

Halm, Heinz (2001[2]): *Der Islam. Geschichte und Gegenwart* (1. Auflage 2000). München: C. H. Beck.

Hauschild, Thomas (2000): Prestige, in: Bernhard Streck (Hrsg.), *Wörterbuch der Ethnologie*, pp. 192-196. Wuppertal: Peter Hammer.

Heine, Ina und Peter Heine (1993): *O ihr Musliminnen... Frauen in islamischen Gesellschaften*. Freiburg im Breisgau: Herder.

Heine, Peter (1991a): ʿAli, in: Adel Theodor Khoury et al., *Islam-Lexikon A-F*, 1 Bd., pp. 55-58. Freiburg/Basel/Wien: Herder.

Heine, Peter (1991b): Imam, in: Adel Theodor Khoury et al., *Islam-Lexikon G-N*, 2 Bd., pp. 378-381. Freiburg/Basel/Wien: Herder.

Heine, Peter (1991c): Mahdi, in: Adel Theodor Khoury et al., *Islam-Lexikon G-N*, 2 Bd., pp. 487-490. Freiburg/Basel/Wien: Herder.

Khairi-Taraki, Nur M. (1987): Afghanistan - seine Bevölkerung, seine Gesellschaftsform, seine Beziehungen zu anderen Staaten im Prozeß der Geschichte, in: Hans Werner Mohm und 3. Welt-Laden Losheim (Hrsg.), *Afghanistan*, pp. 46-79. Losheim: O. A.

Klausberger, Friedrich (1999) Gewohnheitsrecht, in: Walter Hirschberg, *Wörterbuch der Völkerkunde*, pp. 152. Berlin: Dietrich Reimer.

Knabe, Erika (1977): *Frauenemanzipation in Afghanistan. Ein empirischer Beitrag zur Untersuchung von sozio-kulturellem Wandel und sozio-kultureller Beständigkeit* [Afghanische Studien: 16]. Meisenheim am Glan: Anton Hain.

Lösche, Peter (1998): Räte, in: Dieter Nohlen et al. (Hrsg.), *Lexikon der Politik*, 7 Bd., pp. 529-530. München: C. H. Beck.

Magnus, Ralph H. und Eden Naby (2000): *Afghanistan. Mullah, Marx and Mujahid*. Colorado/Oxford: Westview Press.

Marsden, Peter (1998): *The Taliban: War, religion and the new order in Afghanistan*. London/New York: Zed Books.

Moos, Iren von (1996): *Nun hausen Schlangen in den Aprikosengärten*. Wuppertal: Peter Hammer.

Müller, Christian (2001): Fatwâ, in: Ralf Elger (Hrsg.), *Kleines Islam-Lexikon. Geschichte, Alltag, Kultur*, pp. 95. München: C. H. Beck.

Müller, Ernst Wilhelm (1992[3]): Sozialethnologie, in Hans Fischer (Hrsg.), *Ethnologie. Einführung und Überblick* (1.Auflage 1983), pp. 149-183. Berlin: Dietrich Reimer.

Müller, Wolfgang (1999): Elite, in: Walter Hirschberg, *Wörterbuch der Völkerkunde*, pp. 91-92. Berlin: Dietrich Reimer.

Orywal, Erwin (Hrsg.) (1986): *Die ethnischen Gruppen Afghanistans. Fallstudien zu Gruppenidentität und Intergruppenbeziehungen* [Beihefte zum Tübinger Atlas des Vorderen Orients Reihe B, Geisteswissenschaften Nr. 70]. Wiesbaden: Dr. Reichert.

Pistor-Hatam, Anja (2001a): ʿÂshûrâ', in: Ralf Elger (Hrsg.), *Kleines Islam-Lexikon. Geschichte, Alltag, Kultur*, pp. 45-46. München: C. H. Beck.

Pistor-Hatam, Anja (2001b): Mullah, in: Ralf Elger (Hrsg.), *Kleines Islam-Lexikon. Geschichte, Alltag, Kultur*, pp. 211. München: C. H. Beck.

Pistor-Hatam, Anja (2001c): Newroz, in: Ralf Elger (Hrsg.), *Kleines Islam-Lexikon. Geschichte, Alltag, Kultur*, pp. 226. München: C. H. Beck.

Pohly, Michael (1992): *Krieg und Widerstand in Afghanistan. Ursachen, Verlauf und Folgen seit 1978* [Studien zum modernen islamischen Orient: 6]. Berlin: Das Arabische Buch.

Pohly, Michael und Khalid Durán (2002): *Nach den Taliban. Afghanistan zwischen internationalen Machtinteressen und demokratischer Erneuerung*. München: Ullstein.

Rahimi, Fahima (1986) [1977, unveröffentlicht]: *Women in Afghanistan. Frau-en in Afghanistan* [Schriftenreihe der Stiftung Bibliotheca Afghanica: 5]. Lies-tal: Stiftung Bibliotheca Afghanica.

Rashid, Ahmed (2001): *Taliban. Afghanistans Gotteskrieger und der Dschihad.* München: Droemer.

Rasuly, Sarajuddin (1993): *Politischer Strukturwandel in Afghanistan* [Europäi-sche Hochschulschriften Reihe XXXI Bd./Vol. 197]. Frankfurt am Main/Berlin/Bern/New York/Paris/Wien: Peter Lang.

Rettelbach, Gerhard (1974): Schah, in: Klaus Kreiser et al. (Hrsg.), *Lexikon der islamischen Welt Nor-Z*, 3 Bd., pp. 89-90. Stuttgart/Berlin/Köln/Mainz: W. Kohlhammer.

Richard, Yann (1998): *Der Islam. Eine Einführung durch Experten.* Mainz: Suhrkamp Taschenbuchverlag.

Schimmel, Annemarie (1999): *Im Namen Allahs, des Allbarmherzigen. Der Is-lam.* München: Deutscher Taschenbuch Verlag.

Schregle, Götz (1977): *Deutsch-Arabisches Wörterbuch.* Beirut: Librairie du Liban.

Seymour-Smith, Charlotte (1987): tradition, in: Charlotte Seymour-Smith, *Macmillan dictionary of anthropology.* London and Basingstoke: Macmillan Press.

Sigrist, Christian (1980): Pashtunwali - Das Stammesrecht der Pashtunen, in: Berliner Institut für Vergleichende Sozialforschung (Hrsg.), *Revolution in Iran und Afghanistan*, pp. 264-279. Frankfurt am Main: Syndikat.

Sigrist, Christian (1987): Der lange afghanische Krieg, in: Hans Werner Mohm und 3. Welt-Laden Losheim (Hrsg.), *Afghanistan*, pp. 123-136. Losheim: O. A.

Snoy, Peter (1972): Die ethnischen Gruppen, in: Willi Kraus (Hrsg.), *Afghanis-tan. Natur, Geschichte und Kultur, Staat, Gesellschaft und Wirtschaft* [Erdmann Ländermonographien, 3 Bd.], pp. 163-194. Tübingen und Basel: Horst Erd-mann.

Snoy, Peter (1987): Die Menschen Afghanistans, in: Hans Werner Mohm und 3. Welt-Laden Losheim (Hrsg.), *Afghanistan*, pp. 27-45. Losheim: O. A.

Steul, Willi (1981): *Paschtunwali. Ein Ehrenkodex und seine rechtliche Relevanz* [Beiträge zur Südostasienforschung: 54]. Wiesbaden: Steiner.

Szyska, Christian (2001): Jihâd, in: Ralf Elger (Hrsg.), *Kleines Islam-Lexikon. Geschichte, Alltag, Kultur*, pp. 146-147. München: C. H. Beck.

Tabibi, Latif (1980): Staatliches und traditionales Recht in Afghanistan: Probleme und Materialien, in: Berliner Institut für Vergleichende Sozialforschung (Hrsg.), *Revolution in Iran und Afghanistan*, pp. 236-249. Frankfurt am Main: Syndikat.

Thoraval, Yves (1999): Musik, in: Ludwig Hagemann und Oliver Lellek (Hrsg.), *Lexikon der islamischen Kultur* [Dictionnaire de civilisation musulmane], pp. 251-254. Darmstadt: Primus.

Tibi, Bassam (2000): *Fundamentalismus im Islam*. Darmstadt: Wissenschaftliche Buchgesellschaft.

Tibi, Bassam (2001[2]): *Der wahre Imam. Der Islam von Mohammed bis zur Gegenwart* (1. Auflage 1998). München: Piper.

Wahrmund, Adolf (1970a): *Handwörterbuch der arabischen und deutschen Sprache*, Bd. 1. Graz: Akademische Druck- und Verlagsanstalt.

Wahrmund, Adolf (1970b): *Handwörterbuch der arabischen und deutschen Sprache*, Bd. 2. Graz: Akademische Druck- und Verlagsanstalt.

Walther, Wiebke (1980): *Die Frau im Islam*. Stuttgart/Berlin/Köln/Mainz: W. Kohlhammer.

Wehr, Hans (Hrsg.) (1976[4]): *Arabisches Wörterbuch für die Schriftsprache der Gegenwart und Supplement* (1. Auflage 1952). Beirut: Librairie du Liban.

Weiß, Ulrich (1998a): Emanzipation, in: Dieter Nohlen et al. (Hrsg.), *Lexikon der Politik*, 7 Bd., pp. 142. München: C. H. Beck.

Weiß, Ulrich (1998b): Herrschaft, in: Dieter Nohlen et al. (Hrsg.), *Lexikon der Politik*, 7 Bd., pp. 248-249. München: C. H. Beck.

Werner, Christoph (2001): Stamm, in: Ralf Elger (Hrsg.), *Kleines Islam-Lexikon. Geschichte, Alltag, Kultur*, pp. 284. München: C. H. Beck.

Zulfacar, Maliha (1998): *Afghan Immigrants in the USA and Germany. A Comparative Analysis of the Use of Ethnic Social Capital*. Münster/Berlin/Leipzig: LIT.

Zwernemann, Jürgen (1999): Tradition, in: Walter Hirschberg, *Wörterbuch der Völkerkunde*, pp. 379-380. Berlin: Dietrich Reimer.

CD-ROM

Paret, Rudi (1996[7]): *Der Koran. Übersetzung von Rudi Paret* (1. Auflage 1979). Stuttgart, Berlin, Köln: W. Kohlhammer, auf CD-Rom: Digitale Bibliothek Band 46: Der Koran. Köln: W. Kohlhammer.

Zeitschriften

Chaliand, Gerard (1980): Afghanistan. Perspektiven des afghanischen Widerstandes. *Pogrom (Göttingen)* 77 (11): 49-51.

Erbe, Barbara (1997): Afghanistan. Gewalt im Namen der Religion. *Ai - Journal (Bonn)* 3: 6-8.

Falksohn, Rüdiger et al. (2001): Der trügerische Sieg. *Der Spiegel (Hamburg)* 47: 136-145.

Grossbongardt, Annette et al. (2001): Krieg im Dunkeln. *Der Spiegel (Hamburg)* 42: 158-168.

Ihlau, Olaf und Christian Neef (2001): Die Scharaden der Gotteskrieger. *Der Spiegel (Hamburg)* 39: 166-169.

Ilsemann, Siegesmund von (2001): „Der Weg zur Erlösung". *Der Spiegel (Hamburg)* 50: 160-165.

Klußmann, Uwe (2001a): „Echte Söhne Afghanistans". *Der Spiegel (Hamburg)* 47: 147-155.

Klußmann, Uwe (2001b): „Wir zerschmettern den Feind". *Der Spiegel (Hamburg)* 48: 174-182.

Kreile, Renate (1997): Zan, zar, zamin - Frauen, Gold und Land. Geschlechterpolitik und Staatsbildung in Afghanistan. *Leviathan (Opladen)* 25 (3): 396-420.

Majrooh, Parwin Ali (1989): Afghan women between Marxism and Islamic fundamentalism. *Central Asian Survey (Oxford)* 8 (3): 87-98.

Malik, Hafeez (1999): Taliban's Islamic Emirate of Afghanistan: Its Impact on Eurasia. *Journal of South Asian and Middle East Studies (Villanova/P)* 23 (1): 65-78.

Moghadam, Valentine M. (1994): Building human resources and women's capabilities in Afghanistan: A retrospect and prospects. *World Development (Oxford)* 22 (6): 859-875.

Neef, Christian (2001): Zeit des bangen Wartens. *Der Spiegel (Hamburg)* 52: 134-136.

Nölle-Karimi, Christine (2001): Die Loya-Jirga. *Inamo (Berlin)* 28 (7): 14-15.

O. A. (2002): Nachrichten Ticker. *Inamo (Berlin)* 29 (8): 51-54.

Pohly, Michael (1999): Die Freunde der Taliban. Auswärtige Interessen in Afghanistan. *Pogrom (Göttingen)* 202 (27): 20-22.

Renesse, Ernst Albrecht von (1999): Kämpfer gegen die Moderne? *Der Überblick (Hamburg)* 35 (2): 69-74.

Richter, Linda Clark (1983): The Impact on Women of Regime Change in Afghanistan. *Journal of South Asian and Middle Eastern Studies (Villanova/P.)* 7 (2): 58-68.

Ruttig, Thomas (1999): Die Taliban - Bewegung "aus dem Nichts". *Inamo (Berlin)* 17 (5): 12-16.

Schetter, Conrad (1999): Die Rolle von Ethnizität im Bürgerkrieg. *Inamo (Berlin)* 17 (5): 8-11.

Schetter, Conrad (2002): Die unsichere Zukunft Afghanistans. *Inamo (Berlin)* 29 (8): 27-29.

Schridde, Imke (1999): Gesichter aus Garn: Afghanistan. *Ai - Journal (Bonn)* 12: 20-21.

Schulz, John J. und Linda Schulz (1999): The darkest of ages: Afghan women under the Taliban. *Peace and Conflict (Hillsdale/N. J.)* 5 (3): 237-254.

Selmeci, Andreas (1999a): "Laßt uns nicht im Stich!". *Pogrom (Göttingen)* 202 (27): 23.

Selmeci, Andreas (1999b): Massaker an den Hazara. *Pogrom (Göttingen)* 202 (27): 24-25.

Shalinsky, Audrey (1989): Women's relationships in traditional northern Afghanistan. *Central Asian Survey (Oxford)* 8 (1): 117-129.

Wilke-Launer, Renate (1996): Der Terror der Tugendwächter. Frauen und Fundamentalismus. *Der Überblick (Hamburg)* 32 (4): 2-3.

Wolfson, Steven (1996): Afghanistan: Ein ungutes Gefühl. *Flüchtlinge (Genf)* 4: 13-15.

Internet

AfghanMania: *O. A.*, in:
http://www.afghanmania.de/aw/afghanistan.php.
Stand: O. A., abgerufen am 26.02.2003, 14.19 Uhr.

Alam, Naser: *"Im Namen Allahs"*, in:
http://stud-www.uni-marburg.de/~Alam/imnam.htm.
Stand: O. A., abgerufen am 02.01.2001, 18.20Uhr.

Alam, Naser: *Vier große Gruppen*, in:
http://stud-www.uni-marburg.de/~Alam/grup.htm.
Stand: O. A., abgerufen am 02.03.2001, 15.22 Uhr.

Ansari, Diwa: *Eine Chronik der afghanischen Geschichte*, in:
http://www.uni-karlsruhe.de/~afghan/d/gesch/geschich.htm.
Stand: O. A., abgerufen am 27.01.2001, 14.09 Uhr.

APA: *Afghanische Frauenrechtlerinnen fordern Regierungsbeteiligung*, in: http://derstandard.at/standard.asp?channel=POLITIK&ressort=TERRORIS↵ MUS&id=761..

Stand: 30.10.2001, abgerufen am 11.12.2001, 14.46 Uhr.

Azzam Publications-for Jihad and Mujahideen: *The Taliban and Women*, in: http://www.azzam.com/html/talibanwomen.htm.

Stand: O.A., abgerufen am 16.03.2001, 15.56 Uhr.

Azzam Publications-for Jihad and Mujahideen: *The Taliban and Sharia*, in: http://www.azzam.com/html/talibansharia.htm.

Stand: O. A., abgerufen am 16.03.2001, 15.57 Uhr.

Bouckaert, Peter und Saman Zia-Zarifi: *Für die Sünden der Taliban*, in: http://www.rawa-germany.de/aktuell/aktuell_027.html.

Stand: 20.03.2002, abgerufen am 04.03.2003, 12.58 Uhr.

CIA: *The World Factbook 2000 Afghanistan*, in: http://www.cia.gov/cia/publications/factbook/geos/af.html.

Stand: O. A., abgerufen am 24.02.2001, 13.12 Uhr.

Coursen-Neff, Zama und John Sifton: *Der Geist der Taliban lebt!*, in: http://www.rawa-germany.de/aktuell/aktuell_078.html.

Stand: 21.01.2003, abgerufen am 04.03.2003, 13.00 Uhr.

Discovery Channel: *Aktuelle Situation. Schlagzeilen - Nachrichten - Hintergrund*, in: http://www.discovery.de/de/pub/specials/terror/aktuelle_situation.htm.

Stand: O. A., abgerufen am 02.03.2003, 18.23 Uhr.

Frauennews: *Frau sein in Afghanistan ist wie Nichts sein!*, in: http://www.frauennews.de/themen/weltweit/afghan.htm.

Stand: O. A., abgerufen am 11.01.2001, 18.00 Uhr.

Haller, Jan: *Vormarsch im Geist der Taliban*, in:

http://rawa-germany.de/aktuell/aktuell_061.html.

Stand: 03.09.2002, abgerufen am 04.03.2003, 13.03 Uhr.

Hayat, Sajida.: *Kabul, the city where even the sunrise and sunset have been upset for a long time*, in:

http://www.rawa.org/sajida.htm.

Stand: 01.2000, abgerufen am 01.02.2001, 13.59 Uhr.

Hein, Jürgen: *GTZ hilft in Afghanistan: "Frauen ins öffentliche Leben zurückholen"*, in:

http://www.vistaverde.de/news/Politik/0210/17_afghanistan.htm.

Stand: 17.10.2002, abgerufen am 26.02.2003, 14.45 Uhr.

Heller, Jan: *Die tageszeitung. Taliban-Edikt gegen die Frauen*, in:

http://www.taz.de/tpl/2000/08/04/a0063.nf/stext.Name,ask16554aaa.idx,113.

Stand: 04.08.2000, abgerufen am 13.03.2001, 10.23 Uhr.

Hippler, Jochen: *Afghanistan: Von der Volksdemokratie bis zu den Taliban*, in:

http://www.jochen-hippler.de/Aufsatze/Afghanist_Von_der_Volksdem/afgha ↵
nistan_...

Stand: O. A., abgerufen am 24.04.2002, 20.20 Uhr.

Hofwiler, Roland: *Die tageszeitung. Gute-Nacht-Märchen mit Kopftuch*, in:

http://www.taz.de/pt/2001/11/22/a0140.nf/textdruck.

Stand: 22.11.2001, abgerufen am 11.12.2001, 15.50 Uhr.

Mayr, Wolfgang: *Afghanistan nach den Taliban. Die "Pax americana" brachte keinen gerechten Frieden und keine Demokratie*, in:

http://www.gfbv.it/3dossier/asia/afghan/afghan-pohly.html.

Stand: O. A., abgerufen am 26.02.2003, 15.10 Uhr.

Mazurkewich, Karen: *Bringing Hope--and Homework--to the Girls*, in:

http://www.time.com/time/asia/magazine/2000/0529/afghanistan.women ↵

duction.html.

Stand: 29.05.2000, abgerufen am 13.03.2001, 11.09 Uhr.

Mühlmann, Sophie: *Die Welt. Anwältin der Frauen Afghanistans*: Fatima Gailani, in:

http//www.welt.de/daten/2001/11/29/1129fo298764.htx?print=1.

Stand: 29.11.2001, abgerufen am 11.12.2001, 15.04 Uhr.

O. A.: *Afghanistan-Wirtschaft-im Überblick*, in:

http://www.uni-karlsruhe.de/~afghan/d/wschaft/afgha-wi.htm.

Stand: 1997, abgerufen am 01.02.2001, 12.28 Uhr.

O. A.: *Biographische Skizzen*, in:

http://www.afghanistan-seiten.de/afghanistan/bios_inhalt.html.

Stand: Januar 2002, abgerufen am 13.04.2002, 12.45 Uhr.

O. A.: *Die tageszeitung*. Taliban. Frauen unerwünscht, in:

http://www.taz.de/tpl/2000/07/11/a0046.nf/stext.Name,ask16554aaa.idx,128.

Stand: 11.07.2000, abgerufen am 13.03.2001, 10.25 Uhr.

Ohnhäuser, Konrad: *Ausländische Unterstützung für die Taliban in Afghanistan*, in:

http://www.jamshed.purespace.de/afghan/taliban.html.

Stand: 24.06.1998, abgerufen am 01.02.2001, 12.50 Uhr.

PHR: *II. Background*, in:

http://www.phrusa.org/campaigns/pdf/afghan_pdf_files/02_bkgrud.pdf.

Stand: O. A., abgerufen am 23.10.2001, 12.50 Uhr.

PHR: *III. Women's Health and Human Rights Survey*, in:

http://www.phrusa.org/campaigns/pdf/afghan_pdf_files/03_womens_health.pdf.

Stand: O. A., abgerufen am 23.10.2001, 12.43 Uhr.

RAWA: *Die Situation afghanischer Frauen*, in:
http://rawasongs.fancymarketing.net/wom-view_de.htm.
Stand: O. A., abgerufen am 27.09.2001, 13.55 Uhr.

RAWA: *Einige der Einschränkungen, die von den Taliban über Frauen in Afghanistan verhängt worden sind*, in:
http://rawasongs.fancymarketing.net/rules_de.htm.
Stand: O. A., abgerufen am 27.09.2001, 13.41.

RAWA: *About RAWA...*, in:
http://rawasongs.fancymarketing.net/rawa.html.
Stand: O. A., abgerufen am 27.09.2001, 14.10 Uhr.

RAWA: *Another Burning of a Women by Her Husband*, in:
http://www.rawa.org./saleha-e.htm.
Stand: O. A., abgerufen am 01.02.2001, 13.38 Uhr.

Schetter, Conrad: *Politik und Gesellschaft Online. Afghanistan zwischen Chaos und Machtpolitik*, in:
http://www.fes.de/ipg/ipg2_98/artschetter.html.
Stand: 1998, abgerufen am 13.03.2001, 11.40 Uhr.

Schulte Langforth, Madeleine: *Frauen in Afghanistan*, in:
http://www.zdf.de/ZDFde/inhalt/0,1872,1021866,00.html.
Stand: O. A., abgerufen am 26.02.2003, 14.49 Uhr.

Schumann, Dietmar: *Keine Spur von Gleichberechtigung*, in:
http://www.zdf.de/ZDFde/inhalt/0,1872,1021875,00.html.
Stand: O. A., abgerufen am 26.02.2003, 15.00 Uhr.

Selmeci, Andreas: *Kein neues Afghanistan ohne Frauen. Über die afghanische Ärztin und Menschenrechtlerin Sima Samar*, in:
http://www.ines.org/apm-gfbv/3dossier/asia/afghan/afghan-samar.html.
Stand: 23.10.2001, abgerufen am 11.12.2001, 14.43 Uhr.

Sgrena, Giuliana: *Die Burka im Kopf*, in:
http://www.zeit.de/2001/52/Politik/print_200152_afgh.frauen.html.
Stand: O. A., abgerufen am 26.07.2003, 14.35 Uhr.

Shorish-Shamley, Zieba: *The Plight of Women and Health Care in Afghanistan*,
in: http://www.wapha.org/health.html.
Stand: O. A., abgerufen am 17.10.2001, 10.18 Uhr.

Spanta, Rangin Dadfar: *Der Frieden ist längst noch nicht gewonnen. Afghanistan nach den Taliban*, in:
http://www.zukunftsgruen.de/web/215.htm.
Stand: O. A., abgerufen am 26.02.2003, 14.08 Uhr.

Taleban: *Taleban*, in:
http://www.taleban.com/taleb.htm.
Stand: O. A., abgerufen am 24.02.2001, 14.20 Uhr.

The American Heritage: *Purdah*, in:
http://www.bartleby.com/61/69/P0666900.html.
Stand: 2000, abgerufen am 06.01.2002, 15.39 Uhr.

Tibi, Bassam: *"Die ganze Welt wird sich verändern!"*, in:
http://www.regjo.de/special/aktuell/intervtibi.htm.
Stand: O. A., abgerufen am 29.01.2002, 17.16 Uhr.

Wieland-Karimi, Almut: *"Loya Jirga in Afghanistan - Frieden mit alten Gesellen?"*, in:
http://fesportal.fes.de/pls/portal30/docs/FOLDER/WORLDWIDE/ASIEN/ ↵
Kurzbericht...
Stand: 06.06.2002, abgerufen am 26.02.2003, 15.25 Uhr.

Zingel, Wolfgang-Peter: *Afghanistan - Sozialstruktur*, in:
http://www.sai.uni-heidelberg.de/intwep/zingel/afgha-so.htm.
Stand: 07.2000, abgerufen am 13.03.2001, 11.32 Uhr.